U0639594

Les Incomprises

不被理解的
玫瑰

〔法〕劳拉·埃尔·马基
〔法〕皮埃尔·格里耶
——
著

〔法〕阿提克·拉希米
——
绘

黄苉
——
译

山东人民出版社

国家一级出版社 全国百佳图书出版单位

图书在版编目(CIP)数据

　　不被理解的玫瑰：十一位女性的率性人生 /(法) 劳拉·埃尔·马基,
(法) 皮埃尔·格里耶著; (法) 阿提克·拉希米绘; 黄荭译. -- 济南: 山东
人民出版社, 2022.10(2023.1 重印)
　　ISBN 978-7-209-13994-6

　　Ⅰ. ①不… Ⅱ. ①劳…②皮…③阿…④黄… Ⅲ. ①女性-名人-传
记-世界 Ⅳ. ①K818.5

　　中国版本图书馆 CIP 数据核字(2022)第 143441 号

版权登记号:15-2022-124
Les Incomprises by Laura El Makki & Pierre Grillet
© Éditions Michel Lafon 2021
Current Chinese translation rights arranged through Divas International, Paris
巴黎迪法国际版权代理(wwv.divas-books.com)

不被理解的玫瑰:十一位女性的率性人生
BU BEI LIJIE DE MEIGUI: SHIYI WEI NÜXING DE SHUAIXING RENSHENG
著　者　[法]劳拉·埃尔·马基　[法]皮埃尔·格里耶
绘　者　[法]阿提克·拉希米
译　者　黄　荭
主管单位　山东出版传媒股份有限公司
出版发行　山东人民出版社
出 版 人　胡长青
社　址　济南市市中区舜耕路 517 号
邮　编　250003
电　话　总编室(0531) 82098914
　　　　市场部(0531) 82098027　82098021
网　址　http://www.sd-book.com.cn
印　装　山东新华印务有限公司
经　销　新华书店
规　格　32 开(130 mm×185 mm)
印　张　8.25
字　数　98 千字
版　次　2022 年 10 月第 1 版
印　次　2023 年 1 月第 2 次
印　数　3001-6000
ISBN 978-7-209-13994-6
定　价　55.00 元
如有印装质量问题,请与出版社总编室联系调换

序

　　像圣像一样，她们的形象被挂在我画室墙上的肖像给定格了，但这些不被世人理解的女性的目光越出了画框，注视着我，穿透我内心深处的迷茫：该从什么角度来写这篇序言呢？

　　她们用她们的优雅，悄悄告诉我，让我用真实的自我去言说，而不是像我想成为的高深的专家那样去谈论。

　　究竟要对自己了解多少才能够体会别人的秘密呢？特别是那些不被理解的女性的秘密。

　　最不可思议的是，这些如此令人仰慕又受尽苦难的女性居然可以被人理解，就像爱因斯坦眼中的宇宙一样。

不过，她们让我憧憬，让我想知道她们身上究竟有怎样的秘密，是什么让她们生也好，死也罢，都那么奋不顾身，轰轰烈烈。

首先要弄明白，她们属于哪一类人呢？

她们是与秘密相伴而生、至死相依却始终对它一无所知的那类人吗？

抑或是穷尽一生试图窥破秘密，或希望通过死亡去揭开谜底的那类人？

抑或是保守秘密，让它原封不动、高深莫测，就像护身符一样，不问里面装的到底是什么，但相信它可以保佑自己活下去的那类人？

我把她们想象成 13 世纪苏菲派诗人阿塔尔（Farid al-Din Attar）在《百鸟朝凤》（*La Conférence des oiseaux*）中描绘的飞蛾，扑向烛火，燃烧生命的激情。

又或者，那只飞蛾是我，热切地渴望读懂这些不被理解的女性，带着扑向她们秘密的烈焰之中的恐惧？这种恐惧让我手足无措。

那么，应该如何看待她们的秘密呢？

尤其是我，一个男人，而且还是一个阿富汗男人，我在一个父亲长期缺席、母亲占有欲很强的家庭中长大，双亲都没有为我指明生活方向。我该如何看待她们的秘密呢？

我常在小说人物和他们的创作者身上，也在那些可能见过也可能没见过的人物身上，寻找生活的方向，他们的存在给人类赋予了意义，正如那些不被理解的女性。我同这些真实和虚构的人物朝夕相处，是他们造就了今天的我。

我通过这本书发现或重新发现了十一位女性，尽管我之前对其中几位有所了解，但是她们的形象在书中又有了别样的风采。本书既展示出她们原本的特点，也勾勒出她们在我脑海中的样貌，令我更接近她们的面容，更接近她们的生活。

为此，我尝试勾出她们的轮廓，捕捉她们眼中散发的光芒、唇齿间的气息和面庞中隐含的神秘。

所以，我在创作中着重展现她们的本质，展现简洁之美（并非"纯洁"之美，我不喜欢用这个词）。

在文字的指引下，用寥寥几笔画出想象中每位女性的秘密。

空白纸上超越时空的几笔勾勒。

用芦苇笔和中国墨写就。

别无其他。

黑与白。

空与满。

空是因为我们对她们几乎一无所知。

满是因为她们对我们却很了解，但这份了解已经随她们一同逝去了。

　　这些不朽的女性。

　　她们超越了时间，即便身上带着时代的特征和光影。

　　她们超越了时间，这也是我爱她们的原因。

　　她们超越了时间，还随时随地让男性内心那个"自我的恶魔"无处遁形。不仅因为她们的智慧、胆识和力量，也因为她们的脆弱、烦恼和糊涂。要爱她们的全部。全部。无论她们尽情绽放时还是坠入深渊时，都要爱她们的全部，否则就不要爱！因为她们是黎明的曙光，而非黄昏的微光。

　　这就是我眼中的她们。

　　这些不被理解的女性让我沉浸在人性这部大剧之中。

　　在所是与貌是之间游离，难以捉摸。

　　如同一位 13 世纪的波斯哲人所言："如你所是，或如你所貌是。"而她们的存在只有一种方式，那就是她们曾经活出来的样子。

　　不管怎样，她们现在就在书中，如她们所是，热烈、迷人、不被世人理解。即使生命已逝，但她们是不朽的。因我们的言说而不朽。

阿提克·拉希米

Atiq Rahimi

目 录

妮基・德・桑法勒

（1930—2002）

Niki de Saint Phalle

从这边走就能看到那个女人[1]。丰腴、奔放、华美，她是**世界上最大的妓女**。她"吞下"从她的阴道孔进来的人，给他们看假画，给他们喝货真价实的牛奶，给他们看繁星点点的宇宙、亟待探索的行星和任想象力驰骋的浩瀚无垠的太空。之后，她又轻柔地把他们"吐出"，

---

[1]　在1966年斯德哥尔摩当代美术馆的个展《Hon》(《她》)上，妮基·德·桑法勒和丁格利、佩·奥洛夫·乌尔特维德一同创作的一个巨型"娜娜"空间雕塑装置得到展览。该雕塑的外观为一个躺倒的肥硕女性形象，内设影厅、天文馆、咖啡馆、假画博物馆等场所，场馆的入口正是这个庞大的女性雕塑双腿中间的阴道孔洞，似乎在宣告女人的身体是现代文明的源头。这件作品挑战了公众的道德和审美极限。——译者注。本书脚注若非另行说明，皆为译者注。

* 关于书中出现的专有名词的说明：人名、作品名、地名均在书后附有中外文对照表；若名词在中文中有对应的译名，对照表中仅附载法文版本中的名称。——编者注

让他们回到现实生活中来。人们或许还有点神智恍惚，因为他们刚才回到了生命的发源地，再次目睹了这个被永远遗忘却是一切开始、往往令人难以想象的地方的内里乾坤。参观者仿佛成了现代版小人国里的小人，沿着粉色、绿色、黑色的腿缓缓前行，寻思自己是不是在做梦，进入的肚子是不是屋顶，胸部是不是天空，以及整个身体是不是一座教堂。而"教堂"恰好是妮基·德·桑法勒（Niki de Saint-Phalle）为这个钢铁和石膏临时搭建的装置作品所起的名字[1]。1966 年，这件作品由一群雕塑家朋友在斯德哥尔摩的这家美术馆里共同完成。与棱角分明的罗曼式建筑、哥特式建筑、古典式建筑和巴洛克式建筑不同，妮基雕刻的"女人"圆滚滚的。她希望展现一个放荡不羁又**贪吃**的孕妇形象。该作品长二十八米，人们从她的阴道口进出。这是凯旋的女人，面对世人的批评充耳不闻，也不试图为自己辩护。不被理解，却自得

---

[1]   这件装置作品的名字叫作《她，一座教堂》（瑞典语 Hon, en Katedral，法语 Elle, une cathédrale）。

其乐。

　　妮基是女权主义者，她有她自己的方式，和所有激进的女权主义者的做派大相径庭。理论让她厌烦，各种演说论调也是。她所追求的是去表现女性的创造力，为女性在那些喜欢火箭、高楼大厦、不征求任何人意见就擅自霸占宇宙空间的男性身边争取一个实实在在的位置。她曾给她的朋友——艺术史学家、巴黎蓬皮杜中心的首任馆长蓬杜斯·于尔丹（Pontus Hultén）写过一封信，并用大写字母以示强调：我很早就明白**男人掌控权力……对，我会从他们手上偷走权力的火种**。妮基就是现代的普罗米修斯，不过并没有像普罗米修斯一样落得个悲剧的下场。她盗走了火种，用艺术温暖世界，却依然保持了自由之身。有些人认为这太不可思议了，他们谴责她的作品经不起推敲，他们把巨大和庸俗混为一谈，也不理解绘画怎么可能无师自通。

　　让妮基无师自通的是身体，她一直热衷于塑造和创造身体。她自己的身体就很美，高傲、曼妙。杂志一度争先恐后地邀请她拍摄封面，让她挣了一点小钱。但她的梦想，却是打破常规。小时候，她就在学校用红色颜料仿制古希腊雕塑，却因为仿制出的作品与世俗审美背道而驰，被送去看心理医生。但她继续去幻想一个并不存在的身体：一颗冲出胸膛的心，一张被毒蛇缠绕的脸，宽阔的足以支撑整个世界的肩膀。或许她知道这些想法不会被理解，所以在很长的一段时间里，她把它们默默藏在心里。

　　她的父母是法国上流社会人士，在大萧条时期（Grande Dépression）[1]破了产，之后混迹于纽约上流社会，一心巴望着女儿嫁一户好人家，别无他求。他们重视对孩子的天主教教育，把她送进修道院，培养其优雅的举止。**我学会伪装自己，学会如何为人处世、如何说话。**但做一个等在家里、压抑自己欲望的妻子，她可一点都不想。

---

[1]　指 1929–1933 年在美国爆发之后波及整个资本主义世界的经济危机。

妮基承认自己是名战士，想要打拼出一片属于自己的领地，让混乱无序主宰她的世界。小时候，当她不整理房间时，母亲就会惩罚她，但在妮基看来，她的房间不过是**充满活力**罢了。那时，她就许下承诺：**总有一天，我将创造出天马行空的、童话般的空间。总有一天，总会有那么一天的，当我终于逃出这镀金的牢笼之时。**

　　妮基和年轻作家哈里·马修斯（Harry Mathews）私奔了。1949 年，妮基被爱情冲昏头脑和他结婚，并生下第一个孩子。他们决定搬到巴黎，享受自由的生活。到巴黎后，妮基每天都去卢浮宫，去开开眼界。她迷失在这座艺术之都，被新的色彩、新的面孔、新的潮流所激发。有时，她不禁发抖，感觉要晕倒过去。她惶惶不可终日，开始在床下藏刀。1953 年，她因抑郁症住院治疗。一系列的电击疗法并没有产生效果，医生鼓励她画画和做手工拼贴。哈里说："她热情地投入其中，我很高兴，这意味着她有所好转。这也让我跃跃欲试。我感慨：'上帝啊，做你力所能及之事，这就是天堂吧。'"真正的生活开始了。

在巴黎罗辛死胡同（Impasse Ronsin），她参观了一个工作室，挨着雕塑家康斯坦丁·布朗库西（Constantin Brancusi）工作室。一个名叫让·丁格利（Jean Tinguely）的男人在里面制作了一些令人瞠目结舌的东西，一些奇怪的声音装置，她对他一见钟情。而且她居然一边观察他正在完成的作品，一边大胆地给他提建议。**你为什么不在上面放一些羽毛呢？**让有点生气，但还是加了羽毛。妮基，尽管已婚，而且是两个孩子的母亲，明白自己已经再也离不开他了。**我想就在他邀请我共进晚餐的那晚我爱上了他，吃到最后，他把香烟掐灭在黄油碟里。对于一个从循规蹈矩的圈子里出来的人而言，我不可能不对这种在无政府主义作家身上常有的无视社会禁忌的做派感到心醉神迷。**他们有同样的奇思妙想，有同样的对美和无用之物的热爱。几年后，妮基和哈里离婚，搬去和让一块住。他们的爱受到他们艺术的滋养。他们互相提问、合作、争论。他们喜欢这种无休无止的交锋，这证明他们并不是彼此完全理解。让制造一些运动的、黑色的、危险的机器。在他对面，妮基用她越来越大的雕塑作品，给予世界一种前所未有的、光明的广度。

很快，她拿起了武器。1961年，她用卡宾枪朝里面藏了墨水袋的石膏浅浮雕射击，墨水袋中弹后爆裂飞溅。比画笔更好用，卡宾枪让颜料四处流淌。妮基朝**爸爸、小个子的、高个子的、胖的、男人、我的哥哥、社会、教堂、修道院、学校、我的家庭、我的母亲、所有人**开枪[1]。她祝贺自己成了一个不杀人的"凶手"。她喜欢在不安又羡慕她的公众面前给枪上膛，扣动扳机。妮基看着像鲜血一样流出来的颜料微笑，她说，这就是她

---

[1]　指的是20世纪60年代妮基的系列"射击画"作品，在木头或金属制作的框架里藏一些聚乙烯涂料的袋子，然后再覆盖上一层熟石膏，之后妮基用一把步枪进行射击，颜料随弹药迸溅出来，在画布上形成泼溅和爆炸的效果。

的作品。红色在她的艺术中是主调，不过不局限在病态的趣味中。妮基把这一原色，所有色彩中最初的颜色，变成了一种生机，一种先兆，用亚里士多德（Aristotle）的话说，"美好的希冀"。她想一直走在这条生与死的分界线上：**在建造和破坏之间并没有那么大的区别，**只要找到一个连接点，危险会让诗意成为可能。在某一个瞬间，显露出冒险不可言喻的快乐。1962 年，她搭飞机去内华达州（Nevada）的沙漠，她在那里要引爆一些巨大的雕塑作品，她把一个装满炸药的袋子藏在脚下。她的孙女布鲁姆·卡德纳斯（Bloum Cardenas）说："她不敢把炸药的事情告诉邻座正在抽烟的男人。"

妮基希望自己的作品被世人理解。她并没有在作品里隐藏什么奥义，没有什么需要人们费心思去猜。比如她的**"娜娜们"**，雀跃着，舞蹈着，先是小小的，很快就变得比真人还大。丰腴、欢乐、自由自在，她们是对一个狭隘、处处受限的社会的带有政治色彩的回应。有时候"娜娜们"是黑皮肤的，她们揭露的是美国的种族隔离。妮基热爱她们，保护她们，她把她们变成一支可以入侵街道、飘得比树还高、冲破条条框框的军队。她们强调了女性气质，也彰显了女艺术家的存在，在当时的雕塑圈，这些女艺术家寂寂无名，几乎不被看见。妮基想证明**一个女人也能做出宏伟不朽的作品**，也可以有野心，不只是做出一件作品或在一个美术馆展览，而是打造一种融入生活的艺术。很久以来，她的梦想就是在大自然中雕刻，远离画廊和荣誉。她记得当她第一次走进巴塞罗那由安东尼奥·高迪[1]设计的古埃尔公园（Park Güell）时感到的颤栗和如**被闪电击中的快感**。她也想拥有自己的奇幻花园，在那里，艺术属于所有人，可以是

---

[1]　安东尼奥·高迪（Antonio Gaudí，1852–1926）：西班牙建筑师，塑性建筑流派的代表人物，其作品代表新艺术运动时期的建筑风格。高迪一生设计的作品很多，有古埃尔公园、米拉公寓、巴特罗公寓、圣家族大教堂等，其中十七项被西班牙列为国家级文物，七项被联合国教科文组织列为世界文化遗产。

一次漫步、一个亲吻、一个孩童的游戏的背景。在意大
利的托斯卡纳（Toscana）她找到了可以竖起她的"塔罗
牌"的地方，二十二个形象，代表了她眼中的力量、判断、
克制或太阳。用带着团队来给她帮忙的让的话说，工地
简直就是一个受难地，相信她这个疯狂甜蜜的梦想的都
是些男人。多亏了一款以她的名字命名的香水投入生产，
让妮基有钱去为整个项目买单。经过几年不分昼夜、寒
暑的努力，她建造了她的色彩王国。在山上，她打磨着
一块块小瓷片，把它们画好、贴好，让它们睡在她未来
女王——一个有着被刺穿的丰满乳房的巨硕的黑女人的
怀抱里。反对她的人很多，但她并不气馁。

妮基每天笑二十分钟。开怀大笑已经成了必需，可
以帮助她好好活下去。**这对灵魂带来的作用真是奇妙。
它是最好的抗抑郁药。**她的忧郁被锁起来了，只有在她
允许的时候才释放出来：偶尔，在看看爱情片的时候。

但有一天，所有的抵抗都土崩瓦解。在 1994 年出版的自传《我的秘密》（*Mon secret*）中，她透露了自己十一岁时被父亲强暴的经历。二十年前，她已经说过这件事，但没有人注意。那是她的第一部电影《爹地》（*Daddy*），因为电影过于先锋实验，人们很难一眼窥破隐情。应该说在当时，没有人公然谈论乱伦，也很少有人谈论强暴。对于一个像她一样举世闻名的艺术家来说，说出真相可能会改变人们看她作品的眼光，会混淆视听，引起不必要的联想。她的艺术并不需要人们去阐释，而是让人们去爱，或去拒绝。她之所以选择坦陈一切，目的只有一个：告诉人们，不管经历过什么，在那之后，生活依然有美好的可能。

纽约，1991 年 10 月

亲爱的蓬杜斯，

　　人是从什么时候变得叛逆的？在母亲的肚子里时？五岁时？十岁时？

　　我生于 1930 年，**大萧条时期的孩子**。我母亲怀我的时候，我父亲所有的钱都没了。与此同时，她还发现了我父亲的**不忠**。她整个怀孕期间都在哭泣。我感受到了这些**泪水**。

　　后来她对我说，**一切都是我的错**。麻烦是和我一起到来的。我信以为真。

　　我要证明我母亲是**错**的！我一生都在证明我有**存在**

的权利。

是的，我要证明我母亲**错**了，我要证明从某种意义上说她是**对**的。

有一天，我做了一件无法原谅的事。一件女人能做的最糟糕的事。我因为工作冷落了我的孩子。我有充分的理由感到内疚。

小时候，我不能在我母亲、外婆、姨妈和母亲的闺蜜们身上找到认同。……我不想成为她们，做家庭主妇，我想要拥有世界，而世界却属于**男人**。

我决心成为一个女英雄。

在外婆给我讲的无数童话中，我已经把自己想象成英雄的主人公。一个**总**是做傻事的小男孩。

我母亲，我有点喜欢（当我不想杀死她的时候）的美妙的造物，我看到她成了强加给她的角色的囚徒。……男人的角色给他们带来更多自由，**我下定决心也要拥有这种自由。**

八岁的时候，我所有的零花钱都用来买连环画《神奇女侠》（*Wonderwoman*）和《蝙蝠侠》（*Batman*）。当时我不被允许读这类书，我把它们藏在床垫下面。从父亲和祖母那里偷来的一部分钱，我给了乞丐。我很喜欢乞丐。他们脸上的神情往往比走在纽约街上的一堆人都更真实。那是 1940 年，我十岁。

我很早就受到了各种文化的影响，有的时候这些文化是彼此冲突的，这很快就让我对事物有了自己的看法。

我选择我想相信的东西。

在抛开父母和他们的阶层后，我要面对的**巨大问题是再造自我和重塑自我**。

在青少年时期那几年艰难的日子里，有一样东西拯救了我：我藏在床底下的**想象的秘密魔盒**。它是用名贵的木料雕刻而成的，镶嵌了五颜六色的珐琅。

除了我，任何人都不能看这个盒子。

当我独处时，我打开它，盒子里跳出一群色彩缤纷的鱼、小精灵、芬芳的野花。

在这个只属于我的盒子里，我收藏我最初的诗歌、我伟大的梦想。

　　盒子是我的精神栖居所，一种我父母无法进入的新生的开始。我把我的灵魂放在里面。我和它交谈。因为我不能和家人有深入的交流，于是我开始和自己谈心。因此，我永远都需要**孤独**。我创作的灵感都是在这种孤独中产生的。孤独之于我的创作就像空气之于我的肺一样重要。

　　直到今天，蓬杜斯，我的魔盒还在我的床下。我每天都会打开它。我的血肉、我的脊梁、我的骨骼都在盒子里。

　　有时盒子里装满了沙，我又回到了五岁，建造城堡，梦想天国。

　　我的盒子取代了成人世界，在那里，我习惯了困难，我并没有发疯。

盒子让我避免成为一个世故、没有幻想的人。

它就像是潘多拉之盒。盒子里留下的，是希望。[1]

妮基·德·桑法勒（1930-2002）

Niki de Saint Phalle

---

[1]　此部分文字为作者以第一人称写作的人物内心独白，下同。—编者注

比莉·哈乐黛

（1915—1959）

Billie Holiday

比莉·哈乐黛触到了痛苦的渊底。不可能有比这儿更黑暗、更荒凉的地方了，苦难早已取代生活。但有一种迎接不幸的方式：不必太在意。正是这种态度拯救了她。比莉不是一个爱记仇的人。她不会把自己在生活中受的苦、在爱情中遭的罪、她的出身和境遇怪罪到任何人身上。想尝试去了解她，就应抛开表象，不要将这副身躯困在常降临在她头上的苦难里。"可怜的戴小姐"（Poor Lady day），法兰克·辛纳屈[1] 这样唱道："太多阴影在她眼里 / 太多空虚在她梦里 / 太多苦涩时光。"（So many shadows in her eyes / So many empty dreams /

---

[1] 法兰克·辛纳屈（Frank Sinatra，1915–1998）：美国歌手、影视演员、主持人。

So many bitter times）应该写另一个故事，和她本人在去世三年前很想讲述的经历不同，自从在她房间的抽屉里搜出了毒品，她就由两名警察看押，在医院的病床上日渐消瘦、枯槁直至死去。她当时的丈夫——路易·麦凯（Louis Mckay），说服她写回忆录并认为这肯定会大卖。只需将她的经历和盘托出，偶尔添点料、加加工即可。比莉过去一直习惯将眼泪藏在心里，现在为了爱人她同意让这些眼泪流淌出来，以博取公众的些许关注。强奸，监狱，毒品，妓院，所有的打击。她一行字都没写参与写作的回忆录《蓝调歌后》（Lady sings the blues）引起了媒体的小小轰动。一时间，人们以关爱的眼光看待这位像珂赛特[1]一样命运多舛的女歌手。人们感动于她临终的告白——想要彻底戒掉毒品，同时等待着她的陨落，带着既担心又不耐烦的复杂情绪，仿佛这是不可避免的。所有人都害怕看到巨星陨落，除了她自己。比莉走在钢

---

[1]　珂赛特（Cosette）：法国作家维克多·雨果的作品《悲惨世界》中的人物。

丝上已不是一天两天。用走钢丝人的方式"前行"，她
心里有谱：把一只脚放到另一只脚的前面，不去看地面，
也从不解释她为什么喜欢和虚空并肩前进。那么多次与
死亡擦肩而过带给她的是某种快乐，毕竟这也是活着的
一种方式。

比莉不理会那些为她激动和那些认为他们知道什么
对她好的人。**我不在乎别人怎么说。**她唯一听从和尊敬
的那个人是她的曾祖母丽贝卡（Rebecca）。第一次世界
大战结束时，她九十六岁。是她抚养了已经长得挺高的
小女孩，比莉，那时还叫埃莉诺拉（Elenora）。她在晚
上轻轻摇着她，用温柔包裹着她。女孩父母还很年轻，
他们忙于在夜晚的欢愉中迷失自我，忘记给予她这份柔
情。曾祖母给她讲棉花田、阳光和蓝调，这种忧伤又柔
美的音乐表达的是难以承受却仍在跳动的心。丽贝卡是
一个白人，弗吉尼亚州一位有权有势的种植园主的孙女。
这个白人种植园主热衷于奴役人乃至占有他们的身体。

奴隶制的时代似乎仍近在咫尺。在巴尔的摩（Baltimore）
的街上，来自南方的黑人和他们的孩子以及孩子的孩子，
生存条件并没有比以前更好。他们在人行道上或码头上
徘徊游荡，寻找一点休闲和快乐，在充斥着各种法规和
排斥他们的公共空间里感到束手束脚。总是在为盯着他
们一举一动的白人服务，黑人期盼得到自由。

比莉很机灵，很有办法。她把母亲萨迪（Sadie）
灌输给她的观念付诸行动 —— "不需要任何人的孩子有
福报" —— 这后来成了一首歌的歌词。她喜欢在外面闲
逛。和街上的小混混和妓女一起厮混，参与斗殴和诈骗，
她感觉自己如鱼得水。是街头造就了她，她将她的歌唱
事业归功于它。她在黑暗中探险，开始她的人生，**夜幕
从四处降临，在潮湿氤氲的酒窖，在酒吧的后面。想要
挣脱命运，有漫长的路要去跋涉**。她跟随父亲克拉伦斯
（Clarence）的足迹，父亲也是个音乐人，喜欢叫她比尔
（Bill）。她没有忘记在十三岁时，当她不睡觉反而"乱

唱一气"时鼓励她的那些人；**这些小人物给了她机会，**
当她尝试模仿路易斯·阿姆斯特朗[1]时这些人为她鼓掌，
当模仿她的前辈蓝调天后玛·雷尼[2]或贝西·史密斯[3]的
时候，这些人更是如此。在经历了几十年的奴役、盘剥
和身体暴力后，黑人女性重拾勇气和力量，谈论爱情、性、
通奸，赞美身体、欲望、情感依赖，以及被爱的快乐和
需求。比莉在这些温暖叛逆的声音中扎根，这些声音自
豪地展示着她们的"black bottom"（黑底）。这些被遗
忘的声音，不知疲倦地承载着密西西比河的浑水。

　　比莉的嗓音难以形容，作家鲍里斯·维昂（Boris
Vian）1954 年在巴黎遇到她时曾形容它是"某种魅惑人

---

[1]　路易斯·阿姆斯特朗（Louis Armstrong, 1901–1971）：美国爵士乐音乐家，
被称为 20 世纪的"爵士乐之父"。

[2]　玛·雷尼（Ma Rainey, 1886–1939）：美国蓝调歌手先驱之一，被称为"蓝
调之母"。

[3]　贝西·史密斯（Bessie Smith, 1894–1937）：美国 20 世纪上半叶最著名
的蓝调歌手之一，被称为"蓝调天后"。

心的过滤器"，维昂时而将她比作收起爪子的母猫，时而比作"会用八条触手将您吸住"的章鱼。人们远道而来听她唱歌，品味她的性感，感受她的心碎。人们很享受某些飘忽却从不走调的颤音。比莉没有上过声乐课，是一个偶然的时机，在妓院里接客的间隙，她在自己的嗓音中感受了宁静，她在舞台上发现了自己的才华。在哈莱姆（Harlem）区热闹的爵士乐中心，在黑人和白人尚未融合但能一起作乐的夜总会里，她收获了大笔的钞票和经验丰富的音乐人的青睐。他们喜欢她的性感和坦率，她的柔情和愤怒。单簧管演奏家班尼·古德曼 [1]，钢琴家鲍比·亨德森（Bobby Henderson）和泰迪·威尔逊（Teddy Wilson），萨克斯演奏家莱斯特·杨 [2] 都是她在音乐道路上的伯乐：所有人都想追随她，所有人都疯狂

---

[1] 班尼·古德曼（Benny Goodman，1909–1986）：美国著名单簧管演奏家，被誉为"摇摆乐之父"。

[2] 莱斯特·杨（Lester Young，1909–1959）：美国爵士乐萨克斯手及单簧管手，爵士乐界传奇人物。

地爱上了她。

她演唱爵士乐的经典名曲，但也唱一些原创歌曲，为那些想听她唱的人，唱一些忧伤的爱情故事，带着一丝嘲讽。她还写了《比莉的蓝调》（*Billie's blues*），《美好又甘醇》（*Fine and Mellow*）及《别解释》（*Don't explain*）等歌曲。她的颈和肩露得更多了，追求恋爱的自由，偏爱暴力又贪婪的男人，她为这些男人奉献了自己的一切：嘴唇、臂膀、才华和金钱。比莉不去美化任何事，她具有颠覆的精神，她似乎是在笑对这些带着毁灭色彩的爱情，以自己的方式回应生活中经历的悲剧。**我的男人不爱我 / 他对我那么坏**（My man don't love me / Treats me oh so mean），还有：**有些男人喜欢我是因为我开心 / 有些男人喜欢我是因为我有活力 / 有些男人叫我甜心 / 有些男人以为我有的是钱**（Some men like me cause I'm happy / Some cause I'm snappy / Some call me honey / Others think I've got money）。但有人认为她的

直率是不道德的，怀疑她赞赏大男子主义，比如她在该
战斗的时候却选择了屈从。当她的第一任丈夫吉米·门
罗（Jimmy Monroe）穿着带口红唇印的衬衫回家时，她
做了什么？她求他留下来。还有当他教唆她吸毒时，她
还要求吸更多。令人震惊和难以理解的是她这么做都是
自愿的，比莉选择去爱这些暴力的男人，同他们一起迷失。
比莉唱出了人的矛盾。男人的矛盾性在于处于统治地位
却不自立；女人的矛盾是在对解放的焦灼渴望和难以言
喻的被占有的欲望之间徘徊。正如政治活动家和作家安
吉拉·戴维斯（Angela Davis）在一篇关于女性蓝调的论
文中透彻分析的那样，在这些歌词中，没有一句蠢话，
有的是一种叩问社会良心的愿望。

　　在相当长的一段时间里，人们认为比莉不懂自己在
唱什么。这是一种带有对女性或种族歧视的预判，反映
出那个时代的评论家根深蒂固的盲目，需要看到灵魂的
时候他们看到的只有肉体。1939 年，比莉在纽约的先锋

圣地——咖啡公社（Café Society）演唱了《奇怪的果实》[1]
（*Strange fruit*），让这些诽谤她的人闭上了嘴。二十四
岁时，她的每一场演唱会都以这首由高中老师刘易斯·艾
伦（Lewis Allan）写的悲壮又苍凉的歌作为结束。演出
大厅沉浸在黑暗中，人们屏息聆听她沉静的嗓音，出奇
的平静，这种声音让每一个词都能被听见、被理解。这
是比莉第一次演唱政治意味这么强烈的歌。有人指责她
有煽动性，将她归为左派。尽管她的演出取得了成功，
但她的唱片公司拒绝给她录制唱片。美国尚未准备好正
视自身存在的问题。每年仍有大约一百起私刑事件发生，
越来越多的人蜂拥围观行私刑。有人被活活烧死，被汽
车拖拽，被阉割，被绞死。超过半数的美国白人同意这
种做法。甚至有人认为这是一种令人愉悦的表演，例如

---

[1]　20世纪初期，许多非裔美国人，尤其是在美国南方的非裔美国人，成了
私刑滥用的受害者。《奇怪的果实》讲述的就是这些黑人遭到的不公正和压迫，
歌中描述了白人暴徒如何杀害黑人的场景。这首歌是对这种行为的宣战，从某
种意义上说是"民权运动的开端"。

这位在洛杉矶一家俱乐部质问比莉的妇女："比莉，为什么你不给我们唱那首著名的性感歌曲，你知道的，那首在树上晃荡着光身子的歌？"那天晚上，比莉没有演唱《奇怪的果实》。

尽管是万人迷，但比莉永远是白人世界里的黑人。不许她在酒吧落座，不许她使用厕所和电梯，这些禁令并没有因她的名气而解除。在和艾特·肖[1]的管弦乐队一起巡回演出时，她不能同演出团共进晚餐，也不能和他们下榻同一家酒店。全国各地的俱乐部都争相邀请她演出，却都不想和她同桌用餐。她总是忍住内心的怒火，满足于唱她的歌。在她的休息室里、包里、舞台上和床上，总有酒。她必须忍受这个被她娱乐却又不爱她的世界。为了能继续"站在钢丝上"，她可以付出一切，决不随波逐流。难道是勇气耗尽才让她在1946年接了她的第一个电影角色，在亚瑟·鲁宾（Arthur Lubin）的影片《新

---

[1] 艾特·肖（Artie Shaw, 1910-2004）：20世纪爵士乐坛最出色的单簧管演奏家之一。

奥尔良》（*New Orleans*）中穿上了黑人女佣的围裙？尽管，以她的原则，她一直拒绝在生活中扮演这样的角色。因为祖母丽贝卡，她还是签了，很高兴好莱坞对她感兴趣，甚至学会用"小黑鬼"的话来跟多萝西·帕特里克[1]搭戏。从这个决定上看，她似乎投降了，随波逐流了，屈服于她曾长期抗争的生存状况。是的，就像弗朗索瓦丝·萨冈（Françoise Sagan）在康涅狄格州一家夜总会里遇到她后所猜想的那样，她的一生注定不幸，因为"从出生那刻起厄运就伴随着她，从未离开过她"。但是比莉并不怨恨，甚至不恨命运。

[1] 多萝西·帕特里克（Dorothy Patrick，1921–1987）：加拿大人，好莱坞女演员。

有人说，比莉

亲爱的，你生而不凡

我不可爱

也没有一头鬈发

但我的母亲给了我一件小东西

它让我在世上开辟了一条道路

有钱，你就有的是朋友

门庭若市

当你走投无路，当你一无所有

那时，肯定是，门可罗雀

倘若你身边有富豪

那你定能分一杯羹

去吧请自便

但别拿太多

凡有的，我们给他们锦上添花

凡没有的，我们给他们雪上加霜 [1]

直到永远，《圣经》如是说，的确如今还是一样

你知道我爱你

爱情能让人受苦

我的脑海中都是你

因为我全身心都属于你

没错，听到流言蜚语时我哭了

我知道你背叛了我

当你和我在一起时，亲爱的

好或坏，又有什么关系

没错，赢的，总是强者

弱者，就会消失

---

[1]　出自《马太福音》第13章12节，原文是："凡有的，还要加给他，叫他有余。凡没有的，连他所有的，也要夺去。"

空空的口袋，什么都没有

即使是妈妈，即使是爸爸，都无可抱怨

不需要任何人的孩子有福报

我爱我的男人

如果我说不爱那就是我在撒谎

但我会离开我的男人

如果我说不离开我也是在撒谎

我是你的奴隶，宝贝

当我是你的宝贝时

但在我成为你的狗之前

我们在你的坟墓里见

嘘，别解释了

闭嘴吧 [1]

比莉·哈乐黛 (1915–1959)

Billie Holiday

阿黛尔·雨果

（1830—1915）

Adèle Hugo

有两个阿黛尔。一个活泼温柔，在巴黎皇家广场（现为"孚日广场"）的沙龙上，她的美貌令巴尔扎克惊为天人。这一时期，她的父亲——伟大的维克多·雨果——声名赫赫，阿黛尔与姐姐莱奥波尔蒂娜（Léopoldine）一起生活，享受着嬉戏与充满幻想的时光。接着，另一个阿黛尔出现了，她饱受折磨，时而缄默，在挣脱束缚、摆脱孤独的流亡中走向毁灭。1852年，阿黛尔前往泽西岛和流亡的作家父亲团聚，因为维克多·雨果和政府闹翻了，在被路易–拿破仑·波拿巴——未来的拿破仑三世——宣布为头号公敌后，他选择逃离法国，匆匆带着家人来到这个陌生的地方。

　　阿黛尔和母亲还有哥哥们一样，误以为他们很快就能回家。她相信前去打头阵的父亲，雨果在信里称一切都只是暂时的，他让女儿勇敢，认为总有一天他们会找回失去的东西："让我们都坚强起来，团结起来吧；外在的灾祸再多，也终究无法夺走真诚深邃之心灵的幸福，那才是真正的幸福。"他深信这个"小"拿破仑——1851年发动政变终结了法兰西第二共和国——只不过是一个篡权者，法兰西人民迟早会站起来反抗他。一向信赖父亲的阿黛尔对此也深信不疑。她已准备好追随父亲，甚至鼓励父亲要坚强不屈。

　　尽管在仅存的她的照片中，阿黛尔似乎显得内敛而不引人注目，但实际上她个性很强。她对他人有依赖，但也可以成为他人的依靠。姐姐莱奥波尔蒂娜十九岁不幸身亡时，是阿黛尔一直在安慰母亲，关心两个哥哥，陪父亲熬过苦痛。她把自己的悲伤埋藏起来，从不提及，哪怕父母把姐姐的遗像挂满墙，让生活其中的她不堪重负。置身于无法排解的丧事悲痛和危机重重的政治漩涡中心，她从未有过抱怨。也只有在偶尔随着信件寄送的枯花中，父亲才发现她灵魂的隐痛。在《静观集》（*Les Contemplations*）中，雨果把莱奥波尔蒂娜比作天鹅，把阿黛尔比作鸽子，一种象征新生的鸟儿。

　　阿黛尔一直幻想着布鲁塞尔或是伦敦，幻想着一座可供二十岁的少女构想美好生活的首都，可待到团聚的时刻临近才得知父亲在泽西岛等着他们。这是一座位于英国与诺曼底海岸之间的小岛，常年受大风侵袭，人迹罕至。简直是**荒山野岭**，阿黛尔把心里的想法告诉了试图让父亲改变主意的大哥夏尔。但雨果心意已决。一切都会好起来的，不仅因为他们是相亲相爱的一家人，而且在流亡处境中，广阔无垠的大海将给这位享有赫赫荣光的作家带来慰藉和力量。但是，自从姐姐十年前溺水身亡，水对于阿黛尔来说，就是可憎的东西。就连她的父亲也不得不承认岛屿环境的**恶劣**。"西边海风阵阵，荒芜破败。那里，海浪冲击着礁石，狂风肆虐，几处供泊船的小港湾，修修补补的小船，到处是休耕地、荒原、破旧小屋，偶尔能看到一个海边的小村庄在寒风中瑟瑟发抖，瘦弱的牛羊，海水侵蚀的矮草，目光所及，一派穷困潦倒的景象。"留在故国本土的人们一直在关注雨果，看他是抵抗到底还是投降求饶。流亡条件越困苦，他的威望越高。在日记中，阿黛尔吐露了她的浑身不自在。在两个关于梦的记叙之间，她写到自己在努力忍受着噩梦。她的日常活动——散会儿步，长时间写作和弹钢琴——已经没有了在巴黎生活时光彩四溢的魅力，也失去了在诺曼底维勒基耶（Villequier）的那些午后纯朴的欢愉。那里曾是她的一切幸福之所，后来却成了莱奥波尔蒂娜的悲剧之地。母亲注意到了阿黛尔渐渐滋生的忧伤，也为她的成熟和善解人意感到欣慰。"她明白所受迫害的伟大意义，"雨果夫人写道，"对她来说，荣光战胜了苦难。"我的父亲，这位英雄，注定如此。

　　岛上的人们对雨果一家充满好奇，阿黛尔也令众人倾倒。在舞会上，她和周围的环境格格不入，不仅因为华丽的裙子，还因为过浓的妆容。她从头到脚都扑了粉，毫不胆怯地进入一个语言不通的圈子。追求者络绎不绝，因为她赫赫有名的姓氏，也因为她那与生俱来的自信和她张扬的美丽。她深知自己**十分耀眼**，但是想保持自由**之身。我在自己的内心世界里很开心。**阿黛尔的父母想撮合她和奥古斯特·瓦格里（Auguste Vacquerie），莱奥波尔蒂娜亡夫的弟弟。他是细致认真的秘书，忠诚的朋友，雨果夫妇待他视同己出，他想拥有更多身份，但是婚约还没有敲定。虽然大家劝这个害怕夜长梦多的理想女婿安心，却从没有人问过他对阿黛尔的感情。情窦初开的纯真爱情的年代已不复存在。年轻的阿黛尔虽然记得自己曾在十六岁的那个夏天吻过奥古斯特，但她拒绝这场包办婚约，这场婚约会让其他人永远想起她已故的姐姐。她的固执让人惊讶，人们还以为是她的自尊心在作祟。她，仍渴望炽热的爱情，对婚姻这座**牢笼**嗤之以鼻，她想拯救受其折磨的**所有女性和她的姐妹**。她曾多次目睹父母违背婚姻的誓言。她现在还看到母亲为自己**悲哀**的生活哭泣，看到父亲过街和他一直相好的情妇朱丽叶·德鲁埃（Juliette Drouet）幽会。他的情妇随他一起流亡，说白了，就是随一大家子流亡。爱情，真正的爱情，不应该只是暧昧或者卑微的妥协。爱情，对她来说，应该有梦幻般的色彩。

阿黛尔的日日夜夜充满了不能与人说的幻想、炽热的月、跳房子游戏、坟墓还有欢声笑语。流亡越拖越久，生活暗淡无光。年轻姑娘仍有**火热的激情**，由内而外散发出光彩，她暗自陷在伟大的情感中，这种情感可能会毁灭她，但这是身边的人都没想到的。在她的笔记中，辉煌伴随着衰败的气息，自恋沾染了悲哀的况味。生硬又不时让人摸不着头脑的话语，显露出一种对极致、病态和某种狂暴的热衷。突然间，就像暴风雨中出现的一道闪电一样，她自信地展现了自己的身体如何被欲望之火唤醒并燃起对男性肌肤的渴望。在孤独寂寞的房间里，阿黛尔变成了女人。她的父亲遗憾地发现女儿不再是孩子了，并认为她很"令人担心"。他再也不懂她了。但他又怎能想到她渴望的是和欧仁·德拉克罗瓦 [1] 相拥，哪里知道她几个月来对年轻的邻居约翰·罗斯（John Rose）暗送秋波，也没料到她不久前遇到平森（Pinson）中尉后便无法自拔。这位迷人的英国男人在施展招魂术时，在桌下，他的脚碰到了她的脚。招魂，多奇怪的邂逅方式。两人关系是否不止一个吻这么简单我们不得而知，但阿黛尔确信自己已经找到了真爱。

在 1855 年，由于维克多·雨果失言说了一句拂逆维多利亚女王的话，全家人不得不立刻离开泽西岛逃往根西岛（Guernesey）。阿黛尔不能忍受这种无休止的逃亡，这剥夺了她刚刚萌芽的幸福。她只有二十五岁，却只能

---

[1]　欧仁·德拉克罗瓦（Eugène Delacroix，1798–1863）：法国画家，浪漫主义画派典型代表，代表作有《自由引导人民》等。

跟随父亲四处漂泊，而父亲似乎一点也不着急结束流亡的生活。阿黛尔的两个哥哥，夏尔和弗朗索瓦－维克多在充实他们的人生，四处旅行。而她，由于家中没有其他更好的人选，只能负责记录家庭日常琐事，她心中的希望逐渐黯淡下去。在她修道院般的生活中"没有消遣，没有事情发生，没有新面孔"。在女佣负责放到丈夫桌上的家信中，雨果夫人表达了对阿黛尔的担心："只有我女儿一人在虚度年华，她无能为力，也没有办法。"后来，听到她丈夫说他们女儿"只爱她"时，她反驳道："阿黛尔把青春毫无怨言、不求感激地献给了你，你还觉得她自私。谁知道她这些年受过的委屈？看到未来从自己身边溜走她依然会伤心难过，年纪越来越大，而明天仍像今天一样。"忙于创作，雨果对这些提醒没有作出回应。他与作品中的人物一起活在想象之中。他妻子严厉指责他花越来越多的钱来装饰在根西岛上购得的"高城居"（Houteville House）和供养继续追随他们到岛上的朱丽叶。

她还指责雨果给他自己所有自由却不愿意让她和阿黛尔去巴黎度几天假。雨果最终作出让步，同意了这场旅行，但是为时已晚。曾经极其期待返回法国的阿黛尔已经没了原有的兴致。她拒绝外出、偷东西、自言自语；还在房间里组织转桌的迷信活动，召唤姐姐莱奥波尔蒂娜的魂灵给自己的爱情出主意：她应该怎样对待平森？母亲对女儿的种种"怪癖"感到担忧，她无法理解，在女儿的内心其实一切没有丝毫改变。

　　阿黛尔沉湎在对英俊的平森中尉的回忆之中，给他写了许多信催促他来娶她。在沉寂了很长一段时间后，平森表示他要回根西岛过圣诞节。那一年是1862年，阿黛尔已经三十二岁。她以为事情已经板上钉钉，预感平森先生就要向她求婚了。雨果一点都不看好这个身无分文还朝三暮四的军官，但除了婚姻，他认为女儿已经没有别的出路。所以尽管内心有疑虑，雨果还是承诺会给阿黛尔一笔巨额嫁妆。但是平森在圣诞节第二天就出发

去了加拿大，并没有向阿黛尔求婚甚至没有表现出丝毫
意图。是平森在玩弄阿黛尔和她的家人？还是阿黛尔误
解了平森极少的信件中的意思？平森回到部队。对所有
人而言，生活继续，除了年轻的阿黛尔。

　　数月之后，雨果出版了《悲惨世界》（Les Misérables）。
这部作品打动了法国人的心，获得巨大成功。在十年的
流亡生活里，雨果一直有一个目标，即完成一部能载入
史册的巨著。当雨果夫人在巴黎等他们一起荣归故土时，
阿黛尔却借此机会偷偷跑去加拿大与她深爱的那个男人
相聚。她深思熟虑了几个星期的这场旅行宣告了她的独
立。阿黛尔最终决定独自行动：乘船、住旅馆、托运行
李。她愿意面对未知的事物，也品尝到了自由的味道。
需要换换空气，她在一封信中用极其平静的语气跟父亲
这样解释道，但这个解释让家里所有男人都反应激烈。
雨果怕家族声誉受损，发了阿黛尔要结婚的公告，虽然

他没有得到任何确凿的消息。往常一直像**骑士**和**守护者**一样维护妹妹的小哥哥弗朗索瓦－维克多这次却谴责阿黛尔的行为是自私的。夏尔承认阿黛尔已经成年，但是她这种抛弃家人的做法让他叹惋。只有雨果夫人表现出宽容的态度。她始终活在一个男人的阴影之下，比起流亡，她或许曾经也更想要出发去冒险。在雨果夫人眼中，女儿并"没有违反任何世俗法规"，她只是听从了自己内心的召唤。这些辩解在雨果看来显得苍白无力。即便见惯了各种风波诡谲，他还是会因为这个从此他认为"无法理解的"女儿而心神不宁。

经过漫长的旅行，阿黛尔得到的就是明白平森并不想娶她。当时正在构思《情感教育》（*Éducation sentimentale*）的福楼拜，或许会用凝炼的笔调说"风景与废墟让她感到眩晕"，她经历了"情感被切断的痛苦"。在外漂泊十年之后，阿黛尔于 1872 年回到法国，是巴阿（Baa）夫人救了她，不仅照顾她，还将她带回法国送到她父亲身边。阿黛尔，一言不发，惶恐不安，或者只是过于忧伤，和父亲也没有任何的眼神交流。雨果决定立刻将阿黛尔送去精神病院，她在那里一直待到去世。雨果这种令人无法理解的做法在于，一生推崇人道主义的他也会一时糊涂，虽然他始终坚信可以理解他的同类人，接近他们的内心并治愈他们的创伤。对于雨果而言，阿黛尔是他没有探索或不愿去探索的幽暗之地。这或许就是阿黛尔的胜利，执拗地不让这个一心想理解全世界的人理解自己。阿黛尔，在世人眼中一败涂地的她，赢得了她的新大陆 —— 独立。

　　我反对向我吹嘘婚姻好处的那些人："这是女人的角色"，我父亲这样说，"这是让你解放自己的唯一方法"，我哥哥这样说。我辩解说，我认为对于女人而言，这是一种羞辱。

　　我不想给自己贴上"可婚"的标签。

　　放任自己做一个小偷或者妓女违背我的良知，然而挣脱父亲的束缚并不违背我的良知。

　　两顶帽子

　　两件长袖

　　几条衬裙

　　女士内衣

　　镶有珠宝的饰带

　　天鹅绒材质的带花边的袜带

粉色领子的背心

白色领子的背心

奥古斯特离开了我，他对我说："我发现我和您不一样；我不会自爱到无法爱他人，我会分出一部分对自己的爱用于爱他人。"

八双长筒袜，其中两双苏格兰棉的，三双丝的，两双织花的，一双粉色的。

两根袜带

三条长裤

十一条单层衬裙

十五件衬衫

我不想要一个爱我胜过一切，甚至胜过他的荣誉的男人的爱。

　　桌子话很多，以后形容谁话多不用说像喜鹊一样，可以说像桌子一样爱唠叨。

　　"我该怎么做才能让自己摆脱现状又不感到内疚？"
　　桌子没有回答。
　　"他必须离开吗？"
　　"是的。"
　　"要郁郁寡欢吗？"
　　"是的。"
　　"那我该做点什么？"
　　"消瘦，苍白，结束你对他的爱。"

　　一位幽闭在家的少女，甚至连五分钟独自一人出门去买纸的机会都没有，却要漂洋过海，从旧世界去往新世界，与自己的爱人相见，这是多么匪夷所思；但这件匪夷所思的事，我要去做。

黑色蕾丝花边饰品

三块短面纱

七条绣花手绢

四双手套：柠檬黄色、珍珠灰色、金黄色、玉米黄色各一双

三双短靴：珠灰色、绿色、粉色各一双

我见不到他，但要让他心里有我。要把我介绍给他的母亲和他的兄弟们，带我在露台上散步，让他拿着我的画像。画像上的我无比美丽，以至于他身边的人都对他说："真漂亮啊！"尽管我不在他身边，但我却在他心里；我要让他来爱我，而不是我去爱他。

她问桌子。

"怎么办？"

"要笑着面对。"

"是你怂恿我的！"

"是的。"

"你应该指引我。"

"不。"

蝉翼纱裙，细布裙，意大利产的塔夫绸[1]裙及一条蓝色薄绸裙。共七条

刷天鹅绒的刷子，小折刀和剪刀

女用小阳伞四把

扇子：蓬帕杜夫人[2]款扇子、时尚象牙扇子、金漆扇子各一把

几个发冠，几束干花和几个袖扣

---

[1]　英文 taffeta 的译音，指一种以平纹组织制织的熟织高档丝织品，又称塔夫绢。——编者注

[2]　蓬帕杜夫人（Madame de Pompadour，1721—1764）：法国国王路易十五的情妇、顾问，进入宫廷后终身都对国王具有影响力。——编者注

几串手链，石榴石及其他宝石

两枚胸针

三个卡子

一条表链

两双拖鞋

人性伟大而人类渺小。他们想要自由，却不懂众生
平等。

阿黛尔·雨果（1830–1915）

Adèle Hugo

露易丝·米歇尔

（1830—1905）

Louise Michel

房间很小。在小城勒瓦卢瓦－佩雷[1]一栋简易楼房的六楼，十几只猫擦身而过。两条狗，一条黑色的大狗和一条白色的小狗，围着一只彬彬有礼的鹦鹉，这只鹦鹉每天都会大呼小叫"你好公民！"来跟女主人打招呼。在几件破旧的家具中间，锅碗瓢盆挤挤挨挨地放在水槽里，墙上海报都贴不下了，书籍和手稿堆在角落里，屋里还有一架钢琴，年过六十的露易丝·米歇尔此后就用它来谱写小歌剧。一份曲谱一直摊在那里，那是贝多芬的《暴风雨》（La Tempête），等着被弹奏。这支奏鸣曲是她的最爱。露易丝哼着乐曲，经历过无数磨难的佝偻

---

[1]　勒瓦卢瓦－佩雷（Levallois–Perret）：法国巴黎法兰西岛大区上塞纳省的城镇，位于巴黎市郊。

的身体再次充满活力，斗志昂扬。在这支乐曲中她感受到能量，就是这种能量在贝多芬创作这首曲子的时候鼓舞过他，当时他应该已经知道自己要耳聋。露易丝依然能从中汲取力量来照亮她始终不灭的梦想：要看着谎言和痛苦消亡，为解救劳苦大众而抗争。她或许把德国音乐家的思想当成了自己的追求，他们有着同样想要改变世界的愿望，尽管常常不被世人理解。在1792年的一页手稿上，贝多芬曾经写下："尽量行善 / 热爱自由高于一切 / 即使在帝王面前 / 也绝不背叛真理。"露易丝·米歇尔的一生似乎都在回应这一召唤。《暴风雨》不是尘世的喧嚣，而是一首百听不厌的甜蜜之歌、战斗之歌。

露易丝无所畏惧。她一直都做好了牺牲的准备，期待为理想而献身。小时候，她就在一个自己亲手搭建的简陋的绞刑架前一遍遍说出自己的遗愿。她常常想象，末日将至，在坠入黑暗前的最后时刻，她笑着面对，因为一想到自己到时已经不在人世，这就像是上天对她的

一种回报。不幸的是，她总是命不该绝。不知道为什么，露易丝总能避开街垒战的枪林弹雨。在监狱饱受折磨，经历了在关流放者的船舱里横渡太平洋的艰险，在勒阿弗尔（Le Havre）一家剧院里被一个反对派用手枪击中头部受伤，她都活了下来。最终，她不无失望地明白一个道理：**越豁得出命，命就越大**。她说，英雄主义她并不感兴趣，重要的是死得其所——说到底或许是一回事。为一个理想而死，为了让别人能活下去，这已经成了她的执念。但对她而言，一切都只是活力和行动。她的想象中充满了鸽子、激流、光亮、和谐的人声和乐音，这是一个交响乐的世界。在那里，男人在前进，女人在梦想，从压得她们喘不过气来的**重负**中解放出来。露易丝认为世界就是一支乐队，因共同的乐章聚集在一起，每个人都带来一个音符、一个气息。这不是一个空想，而是一个她希望可以目睹它得以实现的计划。相信时间，忍住去轻易诅咒它的诱惑。常常，在漫长的等待之后，

那些长期不被理解的事物才会大白于天下。虽然她整个一生都处在黑暗里，还有关于她身世的沉重的秘密。她情愿相信赋予她生命**让她来世上遭罪的人是自由的**，是相爱的。其他一切都不重要。

童年给她留下了一个温馨的回忆，尽管换了其他人或许会认为那是一种痛苦。"痛苦"是她禁止用在自己身上的字眼。在默尔特－摩泽尔（Meurthe–et–Moselle）的弗隆古尔（Vroncourt）破败的大古堡里，露易丝学会了勇敢。城堡空荡荡的大房间里没有一丝热气，四处透风，墙上的挂毯千疮百孔，勉强能遮住墙面，到处都是被虫子咬过的痕迹。她住在城堡一个小塔楼底层一个几米见方的地窖里。天花板上住着蝙蝠。伴她入眠的，是屋外野狼的嗥叫。同样关于她的身世村里人只字未提，但所有人都想入非非。她母亲玛丽－安娜·米歇尔（Marie–Anne Michel）是城堡的女佣，出于恐惧或羞愧，对此事也不想或不能明说。露易丝肯定是城堡男主人、年迈的法官夏尔－艾蒂安·德马伊（Charles-Étienne Demahis）的私生女，这位法官曾经心潮澎湃地见证过法国大革命，赞赏伏尔泰，已经是三个孩子的父亲。这个博学的男人到了晚上，就会坐在火炉边，活灵活现地讲述那些充满吃人恶魔和白衣女人的古老传说。他的妻子，德马伊夫人，在这种混乱的局面下，以惊人的平静，把露易丝当作自己的亲生女儿去抚养，教她读书认字，教她弹钢琴。露易丝在这里长大，爬树、在领地未开垦的土地上奔跑，这些树木曾经见过圣女贞德骑马从这里经过。虽然不知道自己的身世，但小姑娘听了一肚子别人的故事。她担心可怜的邻居会饿死，偷了菜园里的蔬菜去接济他们。她着迷于充满史诗和文学色彩的伟大命运，她兴致勃勃地阅读维克多·雨果的《欧那尼》（Hernani），心向往之，在临时的舞台上表演。在舞台上，她就是这个充满浪漫气息的主人公，孤独地前进，在一个不理解他的世界。她爱他的狂热，一路上，他为了学会爱，学会认识自我，遇到了许多艰险。她也崇拜这出戏剧的作者——雨果，那个时代最伟大的小说家。她开始给他写信，倾述各种秘密，这显得有些不合时宜。她的大胆让雨果觉得有趣，因此也留意读她的来信。我们知道雨果给她回过信，尽管这些信件到今天都已经佚失了。露易丝和他的女儿阿黛尔年纪相仿，同样热爱音乐，有着同样想投身时代、想被爱的欲望。她想寻找一个精神父亲，结果却找到了一个灵魂导师。她向雨果透露了说不出口的秘密：她是一个私生女，大家都看不起她。她还告诉他，她感到在他们之间有一种独特的维系，一种充满诗意的友爱之情，让她打破一种认为自己没有社会地位的印象。她也想写作。她认为这是最好的生存方式。但德马伊夫妇和同父异母的哥哥的去世让她很快就离开了城堡。寡嫂剥夺了属于她的继承权，并把她的文学梦扼杀在摇篮里。露易丝离开了弗隆古尔，带走的唯一的东西是她母亲的姓氏——米歇尔，她决定要骄傲地用这个姓氏。

　　她对自由和政治有自己的看法。她的阅读让她确信教育是通往消除不平等的新社会的唯一道路。法国大革命没有实现它许下的承诺。人民依然没有当家做主，权力被一个个无能的政体窃取了。进步只是可望而不可即的？和雨果一样，露易丝认为进步是**没有止境且无边无际的，**要从根基开始培养，教育孩子们，让他们明白他们是自己命运的主人。1853 年隆冬，在绍蒙（Chaumont）附近的奥代隆库尔（Audeloncourt），她向拿破仑三世的新帝国宣战。她的良师益友——大作家雨果在他流亡的岛上继续反抗。她也从一户人家辞职，开办了一家"自由学堂"，推行新式教育。在她的课堂上，孩子们弹钢琴、写诗、学习地理知识。更让人惊讶的，她还教育孩子要尊重自然、爱护动物。露易丝受不了有人虐待动物，她想把那些受苦受难的动物全都拯救出来——被砍头的鹅、被鞭子抽出血的马。肉让她感到恶心，因为她知道，为了盘中的一块肉，就会有一个动物被屠杀，而它们**也**

有和人一样能感知世界的心脏和大脑。她的这些充满想象的顾虑自然不被成天只想着如何填饱肚子的普通人理解。但她并不放弃她的理想。她在学生中间推行她的理念，把惩罚丢在一边，同样被丢在一边的还有作为国教的基督教的种种教义。露易丝希望可以**把扼杀思想的十字架从孩子们的头脑里清除出去，唤醒良知，不管孩子们愿意不愿意**。在当地的报纸上，她发表嘲讽皇帝的文章，引起轰动，报社不得不关门歇业。**又一次，我平静的生活被打破，被扔进狂风骤雨的汪洋大海，没有未来，没有收入，但有的是朝气蓬勃的勇气。**

二十六岁，她动身去巴黎，去往一个新的贫困的社会底层，在蒙马特（Montmartre）和美丽城（Belleville）的工人阶级中间，在脏兮兮的街道和住宅中，被工业和资本榨干了的工人们享受不到一点权利也得不到一点保护。他们筋疲力尽、饥肠辘辘，在街上游荡，沦落到要吃老鼠充饥了。这仿佛是爱弥尔·左拉（Émile Zola）小说中描绘的场景。露易丝想帮助这些男男女女，让他们知道活着就要反抗，如果要流血，那就流血吧。在她身上，同情和暴力并存，她既有拯救穷人、照顾流浪猫的圣女的一面，又有拿起枪杀人的反叛的一面。她对自己的评说就是最好的解释：**是的，我是野蛮，我喜欢炮、火药的味道，空中子弹乱飞**。有一些迫不得已的理由可以为这种暴力辩护。或许为了让更多的人活下去，死几个人也是值得的。在她眼里，破坏是好事，甚至是她所希望和期待的。**但愿旧世界坍塌，新世界出现，**她激动地写道。为了这一目标，她于1871 年春又一次投身到革命中去，这是喧嚣的 19 世纪最后的一场革命 —— 巴黎公社。

　　普法战争的失利让首都巴黎变得更加羸弱。拿破仑三世的帝国倒台了，但新的国民议会和那帮皇亲国戚跑到凡尔赛安顿下来了，渴望社会公正的饥饿的民众无奈之下吃掉了植物园里的大象和羚羊。阿道尔夫·梯也尔（Adolphe Thiers）走上台但并没有赢得巴黎人民的信任，人民在酝酿一场武装起义。在大街上，街垒砌起来了，人们轻松得就像把桌子叠起来一样。血腥的战斗让几千人葬送了性命，男男女女毫不犹豫地奔赴前线，因为他们已经一无所有，再没有任何东西可以失去。没有倒下的起义者被捕了，受到了审判，大多数都被枪决了。露易丝·米歇尔等着被处以死刑，她想和**女勇士们**死在一起，她这样称呼这些曾经和她并肩作战、死后被堆在公共墓穴里的洗衣女工、女裁缝、女佣。审判那天，她的冷静令人惊讶，她选择承认自己有罪，这让她深得人心。**我不想为自己辩护，也不需要别人为我辩护；我投身社会革命，我愿意为我的行为负责**。她只求一死，但遭到了拒绝。在她的回忆录中，她记得这种撕心裂肺的痛苦，还有他人的不理解，因为他们不知道还有比死更糟糕的境遇：被流放。**他们当中没有人体会过这种无边的空虚，不知道活下去需要多大的勇气**。

　　大海和她一直想象的一样。露易丝，是船上的一个乘客，这艘船带她去往世界尽头，她注视着**白浪滔天如**

一座座高山，黑黢黢的深不见底。她听着水手们唱歌，他们给了她希望。在新喀里多尼亚[1]，她开始了政治犯的生活。作为女人，她原本可以得到比男犯人宽松一点的监禁待遇，但为了和同志们团结一致，她放弃了。这几年过得并不像人们想象的那么艰难。露易丝沉浸在卡纳克人（kanake）的文化中，美美地吃着无花果和大大的黑莓。她很清楚一旦重获自由她要做什么：**我要去西方野兽所在的地方，我要跟他们讲讲革命。**

1880 年，公社成员得到大赦。"备受爱戴的"露易丝，当时报纸给了她这个光荣的称号，回到巴黎，受到民众的夹道欢迎，大家并没有忘记她。她明白革命没有街垒也可以存在，它可以通过文字。于是她在法国和英国做了一场场轰动的报告，谈论革命，延续革命。她又重拾四十年前搁下的梦想。在她狭小的房间里，在那群猫和钢琴的陪伴下，她写作。

---

[1] 新喀里多尼亚（Nouvelle-Calédonie）：位于南回归线附近，是法国在大洋洲西南部的一个海外领地。

我母亲长得太美，以至于她的朋友都笑着对她说：
"这个丑八怪不可能是你的孩子。"

我一直觉得我们可以感知命运，就像狗可以嗅到狼
的气息一样。

哦！我的梦想……它那么伟大，而我那么渺小！命
运啊，你要拿我的伟大梦想怎么办？

写作的时候，就像说话时一样，我常常会激动！于是，
我的笔和我的话会穿越生命或穿越世界去继续追寻它的
目标。

但为什么那些常见的痛苦会让我们变得心软？为什
么看到一滴水就止步不前？看看海洋吧！

今天女性的状况改善了吗？说实话，男人们的状况几乎也没有变得更好！

强势的男人和弱势的女人一样都在受到奴役，因此男人给不了他所没有的东西。

男人在一个可恶的社会处处受苦，但没有任何痛苦可以和女人受的苦相提并论。

如果两性平等得到承认，那将是在人类的愚蠢上打开了一个重要的缺口。

而在这之前，女人，就像老莫里哀（Molière）说的，不过是男人的汤而已[1]。

我们想要的，是科学和自由。

---

[1] 这里影射的是莫里哀在《太太学堂》中的一段名言："女人的确就好比是男人的汤；当一个男人看到其他男人有时也想把手指伸进他的汤里，他立刻就气急败坏。"

或许有朝一日，新人类拥有的是含了更多铁和营养的化学混合体，而不再是我们见惯的会腐坏的血肉之躯。

是的，我梦想在人人都有面包吃的时代到来之后，是科学引领人类的时代。

有一年，我的祖父提议每周给我二十苏[1]，如果我不偷家里的钱的话，但我觉得这样我的损失很大。

人们总是等着杯子里的水像海洋一样漫出来，出于同样的理由，在不幸到来、还来得及被阻止之前人们总是无动于衷。

我既不期待痛苦也不期待快乐，我期待的是战斗。

我总是冲那些败坏的道德原则开战。至于男人，我

---

[1] 苏（sou）：法国辅币名，20苏等于一个里弗尔（livre，相当于一古斤银的价格），用法郎计算，1个苏相当于5生丁。

不在乎，就像我不在乎我自己一样。

　　就像所有其他地方的一样，男人中最进步的那部分人赞赏两性平等的思想，我能注意到，就像我以前一直看到的和我以后也一直看到的那样。但出于传统和陈规旧习，这些男人不由自主地摆出一副帮助我们的样子，但他们也总是只满足于装装样子。

　　强势的男性甚至放下身段讨好女性，说她们是美好的性别。

　　我们希望实现的目标是，创建一种社会秩序，在这种秩序下，任何人只要付出他的忠诚和劳动，就可以得到他所需要的所有东西。

　　但愿每个人都有位置，都有权、有能力坐在社会盛宴的餐桌前，想吃什么就吃什么，想吃多少就吃多少，而不是按照他能支付的钱去衡量他饭菜的分量！

　　我憎恨可恶的模子，里面扔了几个世纪的错误和偏见，但我不认为谁要负责任。如果一直使用一个这么可悲的模子去揉捏去塑造，我们就会像野兽一样，为了生存耗尽气力，这不是人类的错误。

　　在我们这个万恶的时代之后，将迎来曙光，有朝一日，自知自由的人类将不再折磨同类，也不再虐待动物。

　　有了这个希望，人们就可以直面惨淡、恐怖的人生。

　　没有英雄主义，因为我们只是被需要完成的伟大事业牢牢拽住、留在上面而已。

　　无政府主义者，先生们，在一个到处宣扬思想自由

的时代，是一群相信他们有要求无限自由的权利和义务
的公民。

露易丝·米歇尔〔1830-1905〕

Louise Michel

弗朗索瓦丝·吉鲁

（1916—2003）

Françoise Giroud

烟缭雾绕中，一些东西被写下来。烟蒂逐渐堆积，她的手指也在打字机上快速翻飞。与此同时，一群人在门外来回踱步，心急如焚，这种急切的心情亦难以说清。这群人中有的位高权重，有的寂寂无名，但都迫切想知道弗朗索瓦丝·吉鲁的想法，或者她将要披露的猛料。正是因为醉心于这种紧迫感，她成了一名记者。时间越是紧张，她的思维便越是清晰，写出的句子也越是准确。让她感兴趣的唯有当下的事物，因为它让人们得以离真相更近一步。对她而言，写作是谎言的对立面，二者水火不容。她仍记得多年前完成法语老师布置的论文时的内心纠结。老师的题目是："'若上帝不存在，则一切皆可为之。'请对陀思妥耶夫斯基的这句话做出评论。"

倘若伊万·卡拉马佐夫[1]真的存在的话，她定会告诉他他

弄错了，因为**若上帝不存在，则一切皆不可为**。但这个

聪明的小女孩最后还是决定**乖乖地**论述，避而不谈自己

的真实想法，因为这样才能拿到高分。于是她自己欺骗

了自己，但又随即后悔。也许正是在这一刻，因为这次

经历，她才选择将记者作为一生的职业。

弗朗索瓦丝想做的，就是追击事实真相并将它公之

于众。这同样也是《快报》（*L'Express*）的目标：创办

一份战斗的报纸，以另一种方式讲述这个世界上发生的

故事，不拐弯抹角，不藏着掖着。这也是弗朗索瓦丝在

1945 年至 1955 年间为《周日报》（*France Dimanche*）

写的人物专题力求做到的。这些人物专题随后被伽利玛

出版社（Gallimard）整理出版，获得了巨大的成功：

揭露盛名之下男男女女的真实面孔，分辨时尚潮流中

---

[1]　伊万·卡拉马佐夫：陀思妥耶夫斯基创作的长篇小说《卡拉马佐夫兄弟》
中的人物。

的真假天才。雅克·普莱维尔（Jacques Prévert）、艾迪特·皮雅芙（Édith Piaf）、安德烈·莫洛亚（André Maurois）、达妮埃尔·达里约（Danielle Darrieux）、马塞尔·卡尔内（Marcel Carné）……她看这出"人间喜剧"的目光从不会轻易溢满崇拜。弗朗索瓦丝·吉鲁懂得如何描绘人物，如何定格瞬间，如何抓住特点，绝不玩文字的玄虚。不过，描绘她本人——这个野心勃勃却又风情万种的女人——却是一个不可能的任务。她卸下了他人的伪装，却死死护住自己的面具。就像古希腊戏剧表演时用的面具，遮住脸，却可以让声音从一张时哭时笑的大口中传出来。

　　弗朗索瓦丝写下的关于她自己的文字太少，于是人们难以从中真正了解她。尽管她的著作像是一篇篇自白，但同时也如同一扇扇紧闭的门，与其说是出于腼腆，倒不如说是出于谨慎。因为**真相是一团火，会吞噬一切混入其中的东西。不可掉以轻心，当心玩火自焚**。面对读者，女记者是坦诚的。她曾不止一次地指出要避免的危险，警惕有损新闻透明性的禁令，并予以坚决的反对——即使这些禁令在今天看来已再平常不过。关于这一点，她的一些文章标题便足以说明问题。"如果我说谎的话……""（近乎）真实的故事"——这些标题都在说明一件事：弗朗索瓦丝深谙说话之道，她从不说得太多，会保留一些神秘感，并对秘密守口如瓶。不被人理解，或许弗朗索瓦丝就希望如此，如果她能借此获得某种自由的话。**我才是我人生的创造者**，她曾在信中对孙子尼古拉如此说道。尼古拉一直疑惑，她为何将自己的身世和出生时的姓氏隐瞒如此之久。她出生时姓"古尔吉"（Gourdji），有着土耳其人和犹太裔西班牙人的血统。人们认为，她隐瞒这些事实首先是为了保护家人免遭反犹主义的威胁——毕竟在当时的她看来是无法根除的。在成为犹太教教士之前，尼古拉曾在法国佛罗朗戏剧学院（Cours Florent）学习。在一条不乏幽默的评论中，他甚至看到了一丝真知灼见："她太聪明了。聪明人就会千方百计地摆脱犹太人的那层皮。总得好好活着吧。"

1916年9月21日，弗朗索瓦丝生于瑞士洛桑。她父亲是巴格达人，母亲是犹太裔西班牙人。这无关紧要。**过去使我厌倦，况且我也谈不上有什么过去**。她更爱展望未来，并且相信**生活在于明天**。然而，在她的一生中，无数个逝去的日子更像是一种爱抚。它们有着黑白电影的魅力，弗朗索瓦丝亦深谙电影制作之道，毕竟，在她丰富多彩、勇于探索的青年时代还曾担任过马克·阿勒格莱[1]和让·雷诺阿[2]的充满热情的小助理。她的母亲爱尔达（Elda）有时会浮现在她的笔端，美好而勇敢，有随

---

[1] 马克·阿勒格莱（Marc Allégret, 1900–1973）：出生在瑞士巴塞尔的法国导演、编剧、演员，曾执导《巴黎女郎》《卿本佳人》《查泰莱夫人的情人》《苦儿流浪记》等。

[2] 让·雷诺阿（Jean Renoir, 1894–1979）：法国导演、编剧、制片人、作家，印象派画家皮埃尔－奥古斯特·雷诺阿的次子，曾执导《娜娜》《大幻影》《法国康康舞》《逃兵》等。

手做出美味佳肴、笑对苦难的天赋。在狭窄逼仄的屋子里，日常生活总是麻烦不断，然而，这个乐观的女人用更强大的对两个女儿的爱战胜了它们：弗朗丝（France）——弗朗索瓦丝出生时的名字，杰娜内（Djenane）——弗朗索瓦丝的姐姐，大家也叫她甜心。两个女儿早早就失去了父亲。父亲沙里（Salih）是她们无论如何都会去爱的遥远的亡灵。弗朗索瓦丝很少提及父亲，虽然他是知名记者、土耳其官方通讯社的创始人，但是她知道是他给自己取了这样一个和她后来寄居的国家一样的名字[1]，还记得他为她不是个男孩感到遗憾。不过，弗朗索瓦丝用自己的方式成了家里的男人。十六岁那年，她获得了打字员证书，已经能够自食其力，还把钱拿回家补贴家用，像男人一样在家里做些修修补补的活儿。她很能干，学会万事只靠自己，获得了经济自由，这也让她永远抱着独立自由的态度，对爱情也是如此。

---

[1]　人名弗朗丝与法国国名 France 相同。——编者注

　　姐妹俩对苦难嗤之以鼻，满怀坚毅地前进。甜心不像她的昵称那样软弱，而是一名坚强无畏的战士。在1943年被送去拉文斯布吕克（Ravensbrück）集中营之前，她作为交通员，在克莱蒙费朗（Clermont–Ferrand）参加抵抗运动。她从集中营出来的时候虽然已经被折磨得不成人样，但还是微笑着，为能给妹妹带回一个波西米亚水晶[1]烟灰缸而感到高兴，这个烟灰缸是她在当时的捷克斯洛伐克找到的。弗朗索瓦丝虽然没有经历过集中营的苦难，却也有着她自己的英雄主义。的确，她没被授予过抵抗运动的勋章，但1977年，在她参加巴黎市政选举的一场轰轰烈烈的竞选活动中，却不合时宜地佩戴了一枚。言多必失，她被人当作是自恋过了头。人们记住了这个细节却忘记了另一些事实：弗朗索瓦丝，**一位训练有素的地下抵抗斗士**，也有被俘的经历，在弗雷纳（Fresnes）她曾被关了三个月之久，受尽了盖世太保的

---

[1] 波西米亚水晶又名波西米亚玻璃，是一种产自波西米亚和西里西亚地区的玻璃。

摧残。因此，她是没有被授予勋章，但她得了更好的：

她生还了。

　　弗朗索瓦丝也没有拿到中学会考证书。她在实践中学习，一方面凭她自身的努力，另一方面也是运气好。她像灰姑娘一样，常常有幸遇到一些改变她命运的男人：马克·阿勒格莱让她学会了打字这项技能；安德烈·吉卢瓦（André Gillois）是电台播音员，"奇怪的战争"[1]期间戴高乐将军的发言人，也是他为她取了化名——弗朗索瓦丝·吉鲁，这个名字更常见。皮埃尔·拉扎雷夫（Pierre Lazareff）让她成为一名记者；而让-雅克·塞尔旺-施赖伯（Jean-Jacques Servan-Schreiber）**造就**了她，她这样委婉地概括她在《快报》度过的那些令人难忘的日子，以及被爱情折磨的日子。他们的故事是一部精彩传奇的小说，却常常被简化为一些无聊的趣闻逸事，人们不明白一往情深有时会让人做出一些匪夷所思甚至

---

[1]　奇怪的战争指历史文献中普遍描述的对英法联军在第二次世界大战初期（1939 年 9 月 3 日 –1940 年 5 月 10 日）与德国作战时无所作为的现象。

糊涂的蠢事。然而，爱情对弗朗索瓦丝而言是她梦想可以寻求亲密无间之所在。几句话足以说明她与男人间的关系：**这个人，我想和他一起找到这世上最稀有的珍宝：共同语言。交流，相处，彼此倾听。**

　　与 JJSS（当时大家都这样称呼他[1]）的热恋并不是唯一让人对她大书特书的素材。弗朗索瓦丝·吉鲁和女性气质的话题，不管是她的还是其他女人的，她们身上的女性气质都常常遭人非议。人们觉得她这种女人过于强势，她也不是一个好母亲。作为吉斯卡尔·德斯坦（Giscard d'Estaing）政府的妇女权利国务秘书，弗朗索瓦丝贡献很大，她推行了许多政策去保护儿童，维护孕妇的社会和职业地位，以及向全体女性开放公职岗位。这些举措都很了不起，却被世人淡忘了。当时，备受瞩目、荣誉载身的是另外一位女性：西蒙娜·薇依（Simone Veil）。

[1]　JJSS：Jean-Jacques Servan-Schreiber 名字的缩写，即让-雅克·塞尔旺-施赖伯。

她是当时的法国卫生部长，也是力主堕胎合法的女英雄。她与弗朗索瓦丝·吉鲁这位被攻击为投机分子的曾经的"左翼"同僚疏远了。尽管弗朗索瓦丝·吉鲁表达了她的女权主张，但对于某些人而言，她的主张还不够明确，或者说缺乏诚意。如果无视她对女性的热爱、培养以及捍卫，谁又能为她们的职业自由与内心解放铺设道路呢？弗朗索瓦丝·吉鲁是新刊杂志《她》（*Elle*）的首任主编，也是一份时政报纸的联合创始人之一和首任主编，她工作时喜欢**女孩们**围绕在她身边，她不许任何一个女孩脱离大部队。如果说成为母亲是件乐事 —— 对她来说，这首先是种公开承认的忧伤，之后才是成就感 —— 那么只有成功值得她为之战斗。弗朗索瓦丝提倡的女权主义就是渴望消除所有女性身上**如影随形的社会性别**。她渴望在任何情况下都能实现男女平等，女性也有权继承、有权犯错。让·弗瓦耶（Jean Foyer）自 1962 年起任蓬皮杜政府的掌玺官，一天，弗朗索瓦丝同他展开了一场交锋，当时弗朗索瓦丝的一番争辩在今天看来仍然很有必要：
"如果我说话结巴，如果我弄错了，如果我引用了不实的数据，那节目播出以后人们会怎么说呢？人们会说："看吧，女人啊，就是靠不住。'而我的失职会殃及所有女性。但换作是您，如果是您说话结巴，如果是您的表现不尽如人意，人们又会怎么说呢？人们会说：'这个弗瓦耶先生今晚的状态不佳啊。'"在她对面，这位戴着眼镜的掌玺官假装在记笔记，也正是他，十年后反对通过堕胎合法法案。

　　弗朗索瓦丝·吉鲁让人印象深刻，不仅因为她的那些成就和冒险，还因为她本想在错误与绝望中沉沦。她对自杀有着十分独到的见解，说这是**重获自由**。她曾尝试过一次，那次她做好了一切准备，确信自己想死不是因为不幸，恰恰相反，而是因为她已经真正领略过幸福的滋味，并坚信幸福已经一去不复返。命不该绝，于是弗朗索瓦丝活了下来。她努力了解自己，在雅克·拉康（Jacques Lacan）的陪伴下，弗朗索瓦丝开始通过心理分析深入**这些真理所在的深处**。她也曾躲到卡普里岛（Capri）的阳光下写书，人们一直以为她写的这本书已经遗失，最后还是她的一位作家、记者朋友阿莉克丝·德·圣安德烈（Alix de Saint-André）将该书出版。《一个自由女人的故事》（*Histoire d'une femme libre*）就像一幅简洁直白的自画像，是弗朗索瓦丝·吉鲁留给那些想要了解她的人最后的告白。她当然不会将一切都说出来，因为**在与人有关的事情里，客观真相并不存在。在谈论一把椅子的时候它才勉强存在**。对于一个把揭露真相作为事业、颇具影响力的记者而言，这番告白的确很怪。同样，在女儿卡洛琳娜（Caroline）七岁生日之际她给女儿的教诲同样别出心裁，她祝愿女儿可以简简单单地生活，永远**不被母亲的声名和其他一切所累**。

　　我发现自己常常会这样想："我没有一席之地。"

　　身为女孩是有罪的，贫穷是有罪的，活着是有罪的。

　　为了能在世界中拥有一席之地，我曾幻想，一场火灾烧毁寄宿学校，而我，一个小女孩突然出现，勇敢地从大火中救出我的同伴们。所有人都会说："你们知道她的事迹吗？太勇敢了！多么冷静啊！"从此我得到了认可，被允许存在。

　　如果我们对自己所拥有的东西和自己的状况感到知足，我们可能还生活在石器时代吧。

　　我是一个自由的女人。我曾经是，所以我知道如何成为，一个幸福的女人。

　　我有很多办法让自己获得自由，却没有多少天分让自己获得幸福。

幸福，我收到过，我培育它，打磨、抛光、擦亮……然后我不得不把幸福归还。我过度享用幸福了。

要知道，不幸和我不搭。我出门的时候从来不把不幸写在脸上。

要自由就意味着要承受失去。

对我而言，男人不是一个我赖以生存的钱夹，不是一张我行走江湖需要贴上的标签，不是一件让我戴着开心、让别人瞧着羡慕的珠宝，不是一场让我借以抓住青春尾巴的风花雪月，也不是一台用来填满孤单寂寞的半导体收音机。

作为女人，作为没有男人的女人，我从男人身上窃取了他的生产能力，没错我是自由的。不过，从此我明白，人们可以和一个女人争论男人，但不能和女人争论政治。

　　有两次我险些因为婚姻而进入金钱的牢笼，真正的牢笼，因为只有在挣到钱或正在挣钱的时候才会允许自己花钱。

　　两次我都设法处理好，没让这样的事情发生。

　　我只相信我自己，只相信自己的努力，由于我不会高估自己的能力，我会悄无声息地去做。当然我也不会低估自己的能力，所以我还是会去做。

　　有时候很艰难。

　　这一年的机会很好，可以尝试去做人人都认为不可能的事情：成功地打拼一份男人的事业同时兼顾一份女人的家庭职责。这就是我想要的，胜过安全感，胜过安逸的生活。

　　在业内，我受人重视，但是总的来说几乎没有人喜欢我。我被当作附庸风雅之徒。但是那些在大报社工作的大多数人总体而言是认同这个社会和这种风气的。他们不是被收买了，而是已经被同化了。

当人们不想破坏体制时，当人们想先保住他的小房子、小商铺、小女仆，还有他的一点私利时，人们就不会发出刺耳的尖叫声，因为那些想要保住他们的大房子、大商铺、三个仆人并拥有让人投票通过法律这样巨大权力的人，会为此做他们该做的事情。

说得好听一点，参政就是统治。其余的一切都是为达此目的而采取的策略。

巴黎精神让轻松的交流变得迷人，也让严肃的交谈变得糟糕。不带一丁点儿巴黎精神，我断言：
——对受伤的人来说，一切都是伤口。

——听说的没有亲眼看见的更令人义愤填膺。

——容易上当受骗也好过一毛不拔。

弗朗索瓦丝·吉鲁（1916–2003）

Françoise Giroud

西蒙娜·薇依

（1909—1943）

Simone Weil

1926 年，西蒙娜·薇依在亨利四世中学的文科预备班读书，为报考法国高等师范学院做准备。她师从阿兰[1]，尊敬并欣赏这位激进且经历过一战的思想家。一天，阿兰给班上的学生列了个论文题目："美与善"。西蒙娜·薇依的作业给他留下了深刻印象，那时她才十六岁，字里行间已显示出一种成熟，有几行话令阿兰尤其感动。为阐述她对题目的观点，西蒙娜·薇依以亚历山大大帝的事迹为例，这位国王带领士兵穿越茫茫沙漠，拒绝喝用头盔给他端来的水。这一形同自杀的举动体现了亚历山大大

---

[1] 阿兰（Alain，1868—1951）为其笔名，原名为埃米尔－奥古斯特·沙尔捷（Emile-Auguste chartier），法国著名哲学家、记者和人道主义者，代表作有《幸福散论》等。

帝灵魂的伟大。**如果他把水喝掉，他满足了一己之私，却会让他失掉在军中的人心。因此，只要保持公正纯洁的操守，我们就能拯救世界**。有点孩子气的一丝不苟的字迹体现了一种崇高思想：拒绝妥协，信仰绝对，心怀天下。

刚进入这个男生占大多数的预备班不久，这个不在乎外表、总穿一身过大的西式套裙配平底鞋的西蒙娜·薇依就已经小有名气。话锋犀利，甚至让某些人感到"难以忍受"，她是拉丁语老师的死对头，每次发言都让他心惊胆战。他说："自从这个女孩来到班上，整个班都疯了。"阿兰注意到她身上有一种超凡的智慧，给她起了一个绰号叫"火星姑娘"，这或许是从赫伯特·乔治·威尔斯（H. G. Wells）的作品《星际战争》（*La Guerre des mondes*）中得到灵感的，因为小说中描写的火星人拥有极其发达的头脑。然而，性子慢且笨拙的西蒙娜在很长一段时间都是父母的一块心病，没少让他们担忧。

她个性很强，不好相处，还经常生病。即便如此，她还是执意要把一些书整本背下来，《甘塞先生的山羊》（*La Chèvre de monsieur Seguin*）和《大鼻子情圣》（*Cyrano de Bergerac*）就背得滚瓜烂熟。从初中起，她就对自己要求严格，认为自己**一事无成**永远也无法企及思想的**超验王国**。但后来她终于明白，要想**获得真理**，首先应该去主动追寻它。很快她就在自身之外，在期盼受到关注并获得拯救的劳苦大众之中找寻真理。

尽管非常在乎学业有成，西蒙娜·薇依仍不忘对生活不幸的人们表示深切的关怀。她十一岁时就已经背着父母加入失业者示威队伍，和这些人一起在圣米歇尔大街上游行。之后，她到汝拉省的一个姨母家过暑假，这期间她很喜欢帮农民分担农活。她对房屋和风景没多大兴趣，却渴望认识当地的居民，并和他们建立起友谊。同时代的西蒙娜·德·波伏娃（Simone de Beauvoir）和她是同一拨大学生，波伏瓦在回忆录的第一卷《端方淑女》（*Mémoires d'une jeune fille rangée*）中这样写道："久闻她（西蒙娜·薇依）天资聪慧，且打扮怪异，我对她很好奇。她在索邦大学的校园里散步，身边总有一帮阿兰教过的学生陪着。中国刚开始闹大饥荒，有人对我说，她一听到这个消息，竟失声痛哭。比起她的哲学天赋，她的眼泪更令我不由得对她肃然起敬。我也想拥有一颗心怀天下、和全世界人共跳动的心。"人们不禁遐想这两位绝顶聪明的女生联手的情景，可惜如果不是第一次见面就不欢而散，她们或许可以成为朋友："有一天，我终于走到她身边，但我不知道要怎么开始聊天。她以一种斩钉截铁的口吻说这世上如今只有一件事是重要的，那就是革命，革命让所有人都有饭吃。我也用同样不容置疑的口吻反驳了她，说问题不在于为世人谋幸福，而在于要为他们寻求存在的意义。她轻蔑地看着我，说：'很明显，您从没受过饿。'我们的交往就此终止。我明白她把我归到'信奉唯灵论的小资产阶级'那一类人里去了，我对此很恼火……；我自认为早就摆脱了我的阶级，我不想做任何别的，只想做我自己。"

　　西蒙娜·薇依是一个不妥协的人，她追求绝对，这也解释了她做的一些激进的抉择，这些抉择常常不被人理解或被人认为前后不一致。即使在今天，她内心的矛盾仍然会给她披上一层怀疑的面纱，让她像阿兰在一份学校成绩单中所提到的"留有黑暗"，尽管他说总有一天她会摆脱这种黑暗。事实上，怎样才能在脑海中调和这些矛盾冲突的想法：完全无视秩序和维护秩序、对工会主义的信心和对集体的恐惧、革命的冲动和对话的诱惑？这些看似矛盾的对立是为接近真理所要付出的代价，她愿意竭尽全力去了解这个遥远的真理王国。她读过斯宾诺莎（Spinoza）的书，阿兰甚至说过，她已经理解了先哲，那是对她的最高褒奖。她可能已经把《伦理学》（*L'Éthique*）的结尾作为她自己人生的信条："所有美好的东西，都是既罕见又复杂的。"因此，她直面一个同样睿智的灵魂所要面对的障碍，通过这场斗争，确立一种新的实践哲学的方式。对她而言，这是一个**需要许**

多耐心、努力和方法的过程，需要用全身心来理解显而易见的真理。这种"全身心"深深地揭示了这一点：她充满热情、固执顽强。仅仅了解真相对她来说是不够的，无论有多痛苦，她都必须亲身去体验。一直以来，她都拒绝舒适的生活条件，像在操练的士兵一样，似乎在为艰难困苦的生活做准备。西蒙娜·薇依的一位朋友曾讲述，当她住在他乡下的家中收葡萄时，她拒绝睡在他为她准备的房间里，就因为屋内有一床鸭绒被。她更喜欢睡在坚硬冰凉的地上。

西蒙娜·薇依远不是野心勃勃的人，她的独特之处就在于她坚决拒绝接受任何荣誉，她想要深入到普通百姓的现实生活中。早在二战后伴随"存在主义"思潮而来的"介入"概念出现之前，她就已经认识到无条件地站在普通百姓一边的重要性。1931 年取得教师学衔后，她教了几年哲学。当她上完课后，就会去学校对面的咖啡馆。在那里，她成了当地工人的传声筒，倾听他们的故事，把她的工资放在柜台上供他们使用。渐渐地，她想知道如何才能进一步了解他们的日常生活。于是她先去了阿尔斯通（Alsthom）工厂工作，后来又在雷诺（Renault）工作，她亲身经历了劳动分工、压迫和强权者造成的工人的异化。她和其他工人做一样的工作，按时上下班。她写日记，在日记中诉说自己的疲劳、窒息、生产节奏还有愤怒。**没有什么比不幸更难了解**，她这样写道。就像工厂的其他伙伴一样，**不幸是沉默不语的**。因此，她必须用文字写出来，控诉一份没有人敢反抗的工作的非人道性。一天的工作结束后，她步行回家，就是想呼吸一下新鲜空气。她写道：**我问自己，如果我注定要过这种生活，在过塞纳河时我是否可以一次都不生出跳下去的念头**。西蒙娜·薇依虽然被这段经历弄得心力憔悴，但她肯定了这段经历的启示价值。作为柏拉图（Platon）、索福克勒斯（Sophocle）和埃斯库罗斯（Eschyle）创作的希腊悲剧的读者，她从内心深处领悟到了一种至高无上的思想，即在经历生活的不公正时，我们会形成一种更加公正的想法，那就是我们是真正的人。

但是她的心不仅拥抱伤者和弱者，而且还试图了解像恺撒（César）或希特勒（Hitler）这样的暴君，她用一样的眼光去看待他们。她想象少年希特勒在维也纳街头游荡，梦想着荣耀，口袋里揣着独裁者苏拉[1]的传记。**对他来说，渴望伟大是件好事。如果除了罪恶之外，他没有发现其他成就伟业的方式，那该怪谁呢？**她继续肯定地说历史学家应该为他的罪行负责，甚至可以说他们是**有罪的**。西蒙娜·薇依真是大胆之极。当她在1943年写下这几行字的时候，希特勒已经入侵欧洲并开始实施他的灭绝计划。西蒙娜·薇依是犹太人，受到种族灭绝政策的威胁，她的家人设法花大价钱组织他们一家人逃往纽约，希望开始新的生活。但是对于她来说，美国并不能实现她的梦想。因此，她一下船就又登上了一艘往回

---

[1] 苏拉（Lucius Cornelius Sulla Felix，前138－前78年）：开创了罗马共和国执政官独裁的先例，从某种程度上成为日后恺撒效仿的对象。

开的船，脑子里只有一个念头：当一名前线护士。父母把所有的积蓄都花在了这最后一次逃亡旅途上，他们不能理解她的决定。西蒙娜·薇依自信而快乐地在码头上对他们说：**如果我有好几条命，我愿意为你们献出一条。但我只有一条命，我要在其他地方献出我的生命。**这是她最后一次见到她的家人。

西蒙娜接到在伦敦的自由法国军队司令部的指令，他们让她负责准备并起草战后新宪法。她脑海中掠过一个想法，之后便再也挥之不去：必须要让每个人的生活或工作都有所归依，不管是归属于一片土地、一个地区，还是归属于他的家庭或者社区，因为有了这些维系，国家才能永葆活力。**人类灵魂最重要、也最不为人所知的，**就是"扎根"，这也是她最后一本书的名字。她在伦敦那间安静的办公室里开始了这部最出色的作品的写作，但它最后仍未能完成。其实这本书一开始只是戴高乐将军指派她写的一个报告而已，目的是让这个碍手碍脚成

天想着行动的女知识分子有事做。的确，她不停地要求
上级把她派到一线：她可以从事间谍活动，搞破坏，打
探消息……战争，她经历过，她曾经和西班牙共和党人
并肩作战。她闭口不提的，是她那个愚蠢的伤口，那是
在巴塞罗那，她不小心把脚踩进了一大盆滚烫的热水中，
因此她不得不被遣返回国。同样，武器对她而言也太重了，
几乎两只手都握不住。西蒙娜·薇依那么希望自己做一
个有用之人，但她的身体却背叛了她，不停地阻挠她。
她很想成为一个男人，这样别人就不会再质疑她的能力
了。每次给母亲写信时，她总是在末尾署上"你恭敬的
儿子"，而且她要求别人叫她西蒙。

　　这里，性别问题掩盖了另一个更重要的问题，那就
是信仰问题。西蒙娜说她在 1938 年遇到了耶稣基督，她
虽然**对此毫无准备**，但却感受到了耶稣的爱。西蒙娜内
心皈依了基督教，却从未受过正式洗礼，这常常让她受
到非议。她怎么能放弃犹太教，甚至批评《旧约》，认

为里面有些内容太过野蛮，对此感到遗憾？在她心里，对暴力的痛恨超过了其他所有一切。她选定自己的神，没有加入基督教，但指出它在世上的重要地位。她就是那种人，始终站在受害者一边。就像在耶稣受难时帮他背负十字架的西蒙·德·昔兰尼（Simon de Cyrène）一样，西蒙娜也愿意用她那纤弱而坚定的双手撑起世上所有的不幸。在那些身强体健、不畏千难万险的抵抗志士们身边，她不过就是一个近视、偏头痛且越来越瘦弱的病秧子。最后虚弱到什么事也做不了了，养成了几乎不吃的习惯，因为她认为既然不能如愿上战场杀敌，那自己也没有权利吃东西。她拒绝甜食，她把自己收到的从美国寄来的物资都给了别人。她天真地以为节约下来的食物会对那些更需要它的人有所帮助。她认为牺牲自己也是在拯救别人。或许她想起了亚历山大大帝，为了鼓舞军心，拒绝喝头盔里的水。西蒙娜·薇依在进行属于她自己的战斗。如果必须死，她将像军人一样死去，献出她所有的爱。

　　她躺在医院的病床上，生命垂危，朋友们努力想让她活着，她总是问他们同一个问题：**能派我空降到法国吗？** 修道院院长诺鲁瓦（Naurois）多次前来看望她，她和他说话时语速很快，让这位神职人员招架不住，无所适从，只好放弃劝说她了。直至弥留之际，她写信给她的亲戚时从不提及她的状况，也不提及她在哪里，而只是提及伦敦美丽的春天和办公室的伙伴。她也谈到莎士比亚笔下和委拉斯凯兹（Vélasquez）画中的疯子，这些疯子掌握着真相，却无人愿意倾听他们。她后悔没有爱他们爱得更深沉一些，后悔站到了那些不愿透过他们的面具去看他们的人的一边。她意识到，在这些让人几乎无法承受的字里行间，她那出了名的智慧从来都没帮上忙。她也在为一个没有人聆听的真理呐喊。西蒙娜·薇依的悲剧就在于此，她明白别人为什么从来都不理解她。阿尔贝·加缪（Albert Camus）形容她"伟大而从不绝望"，这句话概括得比任何人都要准确。

亲爱的，我多么希望你们身体健康，无忧无虑，希望纽约的生活让你们感到有趣，希望你们有好书读，希望天气晴朗，还有好多诸如此类的祝福！如果我能相信你们当中任何一个都不忧伤就好了……

纯粹的爱，就是接受距离，接受隔开自己和所爱的万水千山。

你可以给我寄几支米切尔 M0133 钢笔吗？不会搞错的，不是吗？我想就在沃吉哈赫街（rue de Vaugirard）的文具店，就在还没到奥岱翁的布勒米西面包店（Odéon du Boul'Mich）的街角。

如果可以走进自己的内心，我们就会发现我们恰恰拥有自己想要的东西。

苹果纯粹的滋味和宇宙之美建立了一种联系，这和观看一幅塞尚的画作是一样的。

我不知道谁说过人们不一定要写诗，但是，当人们开始做某种和写诗一样无用的事情时，至少应该追求完美。

别忘了有时我头疼欲裂，当病痛加重，我有一种要折磨另一个人的强烈欲望，就打他的额头，那个让我痛不欲生的地方。

不要妄加评判。所有的错都是一样的。

一旦明白自己什么都不是，那么所有努力的目标就是成为微不足道的人。上帝啊，允许我成为微不足道的人。

微不足道，才可以在一切事物中找到自己真正的位置。

在世上我们什么都无法拥有，除了说我的权力。

真理在所有人的心里，但埋藏得那么深，很难用语言去把它表达出来。无法言说的远比其他所有一切都更需要被言说。

感觉自己有用，甚至不可或缺，这是人类内心最根本的需求。

尽管我要死了，但宇宙会继续。

我们这些已经把地球弄脏并掏空的人们，我们将从何处获得重生？

　　我感觉我已经很久没有得到消息了……大西洋的鲨鱼，它们要吃些什么文字！我在想它们是否能消化我们的文字？我希望这些文字可以给它们带去一种美的教育，让它们之后可以更好地欣赏海底的风景。

　　亲爱的，如果你们身体健康，不为金钱发愁，我多么希望，你们可以真正地、充分地享受蓝天、日出、繁星、原野、花开、绿叶和婴儿的美好。无论在什么地方，只要有美好的事物，告诉你们自己，我就在那里。

西蒙娜·薇依（1909-1943）

Simone Weil

艾米·怀恩豪斯

（1983—2011）

Amy Winehouse

十二三岁的时候？一天夜里，艾米·怀恩豪斯暗自许下一个心愿，眼神并不坚定，心智也并不成熟。在隔壁房间，他的哥哥在听才华横溢的塞隆尼斯·蒙克[1]的《午夜旋律》（*Round Midnight*）。她竖起耳朵，听着钢琴的弹奏，对自己说音乐将是她的生命。她已经开始唱歌了，在床上或在镜子前面，有时独自一人，抱着她好不容易得到的那把吉他——在伦敦邦德街（Bond Street）的一家乐器行找到的一把芬达吉他（Fender）——但更多时候是和她父亲米奇（Mitch）一起，一个梦想成为法兰克·辛纳屈的卖玻璃的售货员。他们默契的声音交织在

---

[1]　塞隆尼斯·蒙克（Thelonious Monk，1917–1982）：美国爵士乐作曲家，钢琴家，波普爵士乐创始人之一。

一起。"带我飞向月球 / 让我在群星中歌唱。"（Fly me
to the moon/ Let me sing among the stars.）艾米每天反复
哼唱这些歌词，在厨房，在大街上，甚至在学校的走廊上，
为了打破一成不变的日子，给他人心里带去一丝慰藉。
她相信美好的旋律的魔力可以治愈伤口和忧伤。她希望
人们听到她的歌声，**可以在五分钟里忘记他们的烦恼，**
她知道自己的声音很美，但不知道还那么有力量。校长
不理解她的心愿，动不动就把她叫去办公室让她遵守学
校的规章制度。因为不想有遗憾，艾米为自己找到了一
个脱身之计。她给西尔维娅青年戏剧学校（Sylvia Young
Theatre School）发了申请，在一封信中说明了自己的动机。
**在我的学校成绩单上写满了"可以做得更好"和"没有
尽全力学习"之类的评语。我想去一个能把我推到极限
的地方，也许更远。在课堂上唱歌，不会有人要我闭嘴。**
从来没有胆量追逐自己的梦想的米奇支持她。他花了几
个小时和她在一起看弗雷德·阿斯泰尔（Fred Astaire）

和埃莉诺·鲍威尔（Eleanor Powell）在《百老汇歌舞》[1]
（*Broadway qui danse*）中的踢踏舞表演，试图弄明白**他
们是怎么做到的**。还开着车窗，开车带她到城里兜风，
让她听电台里的主流爵士乐。艾米毫不示弱地放声跟着
艾拉·菲茨杰拉德（Ella Fitzgerald）、莎拉·沃恩（Sarah
Vaughan）、黛娜·华盛顿（Dinah Washington）、比利·哈
乐黛和托尼·贝内特（Tony Bennett）一起唱，以积累演
唱的技巧，努力打造属于自己的风格。艾米玩得很开心。
最近在后背腰部文了一个褐发性感美女，陪伴着她的这
个文身，是一个贝蒂娃娃（Betty Boop），踩着高跟鞋，
带着一丝不易觉察的叛逆的微笑。

　　胆大妄为，艾米炫耀自己是一个**移动的危险**。她似
乎已经意识到她给自己带来的危险。她喜欢冒险，不喜
欢不幸，她不断与这个不安分的敌人战斗，确信一定能

[1]　《百老汇歌舞》（*Broadway Melody of 1940*）是 1940 年上映的由诺曼·陶
罗格执导、米高梅出品的第一部大型歌舞片，也是第一部获得奥斯卡最佳影片
奖的有声片。

以自己的方式打败它，且不需要童年时给她开的药，更何况那些药一点效果也没有。父母分开后，他们看到她自虐——绝食、自残很担心。有一天，她甚至亲手在鼻子上打了个洞，穿了一个鼻环。她少女的身体似乎可以忍受一切。但精神上的痛苦却让她不能承受。很早，为了减轻那些灰暗的时刻带来的痛苦，艾米就会把自己的情绪写下来，她的体会、她的恐惧，为什么有时候活着在她看来是那么艰难，而爱情又那么愚蠢。写作不是一件容易的事。但她一直坚持。有时她会为自己写下的句子的精准感到惊讶，当她脑子里的词语已经不足以平息她纷乱的思绪时，她却可以用几行字表达出来。她从自身和伦敦这座城市汲取灵感，伦敦一直是她生长的城市，她热爱它的光芒和晦暗，它无限的可能和堕落的一面。她熟悉它的街道，甚至还有它隐秘的场景。在无尽的夜晚，孤独的灵魂来倾诉他们的忧郁。她有时也敢冒险上台，给一小拨观众唱几支歌谣。艾米通常会怯场，但熟悉的圈子让她感到安心。2002 年夏天的一个晚上，她的目光和安妮·蓝妮克丝（Annie Lennox）的目光相遇，安妮是舞韵合唱团（groupe Eurythmics）的明星，路过科布登俱乐部（Cobden Club），安妮预言艾米前途无量。

正在准备第一张专辑。专辑的名字是《法兰克》（*Frank*），向辛纳屈致敬，因为"真诚"（Frank）这个词与它深刻的真理是一致的。**我对待音乐和感情一向很诚实。我也不会其他方式。**艾米的一点一滴都在她的歌曲里。这些歌曲的录制一气呵成，收放自如，引起了音乐制作圈的注意。艾米谈论爱和失去，活力和性，不苦涩、不冒犯，神情常常很严肃，但唇上涂着口红。贴在城市墙上的海报成了一家人的骄傲，尤其是父亲的骄傲，他打心眼里感到欣慰。面对自信满满的艾米，媒体惊呆了，毫无抵抗力，费尽心思去形容她："她看起来像非裔美国人，但实际上是英国犹太人。她很年轻，但她的声音很成熟。她唱歌的技艺精湛，但说起话来就像赶车的大妞。曲子很悠扬，但歌词咄咄逼人。"她是难以归类的，但人们要给她贴标签；她是独一无二的，人们要去剖析她。有人问她是否梦想着成名。她回答，**那会让我不知所措，会让我发疯的**。人们笑了，并不相信她的话。最后，是外面的世界为她做了决定。在周围相信她的才华的人们的支持下，艾米签了合同，合同上有很多她不明白的条款，她觉得自己放弃了一些东西，但很高兴她可以自由地创作。很快，灵感匮乏了。而制作人和公众却要求她继续演出。艾米被别人的热望弄懵了，用喝酒来填补那段既没有创作也没有欲望的空虚时光。本来是借酒消愁，却渐渐喝上了瘾，她以为不需要任何人的帮助就可以摆脱酗酒的困扰；尤其是不想接受治疗，在咨询过父亲的意见后她更是断然拒绝。故事被写成了一首歌：

"他们硬要我戒了它 / 但我说'不，不，不'。是的，我是上了黑名单 / 但当我回来时，你将会明白，明白，明白 / 我没有时间去耗 / 而且既然我老爸认为我很好。"

（ They tried to make me go to rehab / But I said "no, no, no". Yes, I've been black / But when I come back, you'll know, know, know / I ain't got the time / And if my daddy thinks I'm fine. ）

　　艾米想跳出圈子，像她说的那样，**或许去到更远的地方，**去到彼岸，那是她用尽全力留下的地方。在这个旅程中，没有人知道目的地，她忘了节制，忘了时间，对小心谨慎嗤之以鼻。她拿生命去打赌，为了体验失去它的危险。在布莱克·菲尔德－西沃（Blake Fielder-Civil）身上有一个狂野的灵魂，她遇到他之后就再也离不开他，她找到了同路人和希望。带着这种希望，她尝试用所有办法去逃避内心的恐惧。激情让他们领略过心醉神迷和人造天堂。艾米毫不设防，终于迷失了。有时候，她吸毒过量，睡得那么沉，人们都担心她永远不会再醒来了。但她的心脏继续跳动。当其他人都放弃时，这颗心脏还在抵抗。很多次戒毒治疗，一次接着一次，只是让她暂时避免了最坏的结局。艾米和布莱克通过彼此相爱，用乔治·巴塔耶（Georges Bataille）的话说，好像"走到了人们能忍受的和死亡最近的距离"。然而，他们从未选择过死亡这一边。这是一种燃烧和撕裂，饱含泪水和鲜血。他们的身体要体验一个无法让他们满足的现实的所有极限。艾米用刀子割伤自己，用头撞墙，把香烟掐灭在脸上。她用火烧她的皮肤，为了证明自己还活着，还属于她自己。她的朋友问她到底在玩什么花样，她不解释。**他们不知道明天怎么样／正如我不知道昨天怎么样**。

直到有一天布莱克走了，找了另一个女人。艾米先是茫然无措，但很快就知道自己该做什么：写作。在她的第二张专辑，*Back to Black*，字面翻译是"回到黑暗"，她唱出了她的哀伤，在深渊边挣扎，让全世界都跟着她不幸的节奏起舞。当她承认**"我死过一百次"**，世界为她着迷，为她鼓掌。这张专辑卖出了几百万张。有了名声和荣耀，艾米又见到了布莱克，他突然重新出现在她面前。她仍然爱他，为了不再失去他，为了牢牢地抓住幸福，她在迈阿密（Miami）嫁给他，没有告诉任何人。持续定期服用毒品成了他们的日常，这害得新婚的丈夫被拘留，而艾米被吊销了美国签证。这使得她无法出席格莱美奖的颁奖典礼，在此她获得了五项提名。不过她还是参加了庆祝仪式，在遥远的伦敦的一个复式洋房的私人俱乐部的舞台上，她被前来支持她的亲友簇拥着。当一头银发，身穿黑色燕尾服，带着一脸招牌式的微笑的托尼·贝内特出现在电视屏幕上，给2008年度最佳专辑奖获得者颁奖时，激动的少女一下子打破了舞台上职业女歌手的形象。**"爸爸，是托尼·贝内特！"**她叫道，仿佛周围的人根本就不存在一样。艾米过了一会儿才明白是自己获得了这个奖项，随之而来的是掌声、应景的拥抱和喜悦的欢呼。对她而言，最美好的事，是她的偶像叫出她的名字。托尼·贝内特现在知道有她这号人了。

实现一个梦想就仿佛死过一次。醉过以后，还是要继续前进。艾米酗酒，一直醉醺醺的，努力活着。她度日如年，面对内心看不见的骚动，这种骚动困扰着她，随时都可能像水一样溢出来。其他人，他们都是怎么过活的？在她周围，最狂野、最不可言喻的激情泛滥成灾。人们指责她病恹恹的外表，不明白她那么成功为什么还要瞎折腾毁了自己。身体散架了，走路也一瘸一拐，她想找一点隐秘的空间。但没有哪一条街是没有狗仔队跟拍的，没有哪一次外出是没有路人"嘘"她的。媒体上不可能没有一条关于她的评论，也不可能没有一位喜剧演员模仿她。她被一群饥饿的"狼"围捕，她反抗，打掉摄像机，冲那些纠缠她的人大吼大叫。但在这场较量中，她根本不够分量。哲学家勒内·基拉尔（René Girard）会说，她是一个替罪羊，因为另类而备受非议——她的成功、她的自残、浑身的文身——都足以让她成为集体舆论暴力的受害者。

　　为了躲避汹涌的人群，她飞到位于加勒比海安地列斯群岛的中心圣卢西亚岛，选择在那里扎根。她突然可以做一个普通人了：倒立、在海水中嬉戏、在沙滩上骑马飞奔。几周过去，阳光晒黑了她一直白皙的皮肤。她的短发，也不用再费事地盘起来，而是随风飞扬。希望又回来了。但是在负责制作一部关于艾米的纪录片的一个电视摄制组的陪同下，米奇终结了她这个美梦。她发现自己再次被无处不在的目光捕捉，父亲的目光和冒冒失失的摄影机镜头，这一切让她再次崩溃。她又开始酗酒了。一天晚上，一个朋友认为是为了她好从她手中拿走了她的酒杯，为了"救她的命"。她勃然大怒。**你想要什么？永远活着吗？**她回到伦敦，回到卡姆登（Camden）区她钟爱的白色大别墅里，从此她一个人在那里生活，并试着去想一想未来。夜里，目光迷离，带着一颗永远的少女心，她在想如何才能继续唱歌。她看着天花板寻找失落的梦，把耳朵凑到一面墙上，但墙那边并没有传来一个音符。她希望**能够把一切还回去**，拥有全新的生活，完全属于她自己的生活，美好而平凡。她想生几个孩子，每天给他们做饭，看着他们长大。但还在监狱服刑的布莱克要求离婚。地上又丢满了空酒瓶。她对疲惫的朋友们许下种种诺言。她对母亲发誓她爱她。她问日夜守护她的保镖安德鲁（Andrew）自己是否真的才华横溢。

　　为了托尼·贝内特，她从她的窝里出来。他邀请她和他一起录制翻唱的《灵与肉》（*Body and Soul*），一首已经被最伟大的歌手传唱过的爵士乐的经典之作。在艾比路（Abbey Road）传奇的录音棚里，艾米为自己的不自信和笨手笨脚感到尴尬，不停地向她的偶像道歉。托尼·贝内特鼓励她，对她微笑。她无法想象他有多么了解她，他也玩过火，也曾有过一了百了的念头。当然，出于克制，也因为他们刚刚认识，他没有告诉她最重要的一句话：有一天，他找到了前进的力量，生活不是用来证明的，而是用来学习的。艾米唱得出神入化。随着这首歌的节奏她又活过来了，因为这首歌描述了爱情的伤口，让她感到不那么孤独了。**"我的心是悲伤和孤独的 / 为你我叹息，只为你亲爱的 / 为什么你没有看到它 / 我的一切，灵与肉，都是为你。"**（My heart is sad and lonely / For you I sigh, for you dear only / Why haven't you seen it / I'm all for you body and soul.）2011 年 7 月，这首歌录完四个月后，艾米的灵与肉一动不动地躺在床上。她因饮酒过度，孤单地死去了。安德鲁很惊讶没有听到任何动静，起初以为她睡着了，不敢叫醒她。之后，他出于担心，走进房间，看到几个空的伏特加酒瓶，发现她已经断气了。但生命还在那里，写在她身上的各处。左肩文的是带来幸运的马蹄铁。下腹文的是船锚，装饰着一圈贝蒂娃娃的经典台词："你好水手！"（Hello Sailor!）肩胛骨上文的是红色的、长着翅膀的埃及生命之符。而且，在她的右臂内侧，文了一只栖息在一根细枝上的夜莺，一只灰鸟。帕蒂·史密斯[1]在她的歌曲《就是这个女孩》（*This Is the Girl*）中，很传神地想象这只夜莺听着艾米的歌声入眠。在夜莺周围，有一行字，"Never clip my wings"——**"永远不要剪掉我的翅膀"**。像是一道命令，也像是一个乞求。

---

[1]　帕蒂·史密斯（Patti Smith，1946- ）：美国摇滚女诗人、画家、艺术家，1970 年代美国朋克音乐的先锋人物之一。《就是这个女孩》是她为纪念 2011 年 7 月英年早逝的艾米·怀恩豪斯写的。

现在，你在想你应该做什么，

现在，你知道这就是结局

我多希望可以放声歌唱：没有遗憾，没有激动，

没有亏欠

有时，我一个人出去

我看着另一边

我想到你正在做的所有东西

在我的脑海里，产生很多画面

你说我还有很多东西要学？

我不是来见你妈妈的

我只想紧紧地抱着你

我从没想过要你做我的男人

我只是需要有一个人陪

我不想成为负担

占用你的时间或成为帮你浪费时间的

那个人

当你爱我的时候我就会忘记时间

就像烟一样，我在不确定中原地打转

你很酷，一切都好

是我自己弄错了，

就像我明知道但我还会去做

"如果我们结婚……"

你这么说，一点也不苦涩

"……我们就能和它一刀两断"

你把我弄哭了，

在厨房的地上

那家伙问："你知道你为什么在这儿吗？"

我回答："我一点也不知道。"

在我的梦里，他的脸让我肝肠寸断

让我浸泡在焦虑不安中

直到没过灵魂

我看到他漂浮在床边

我翻身扑到他身上

这一切都发生在月光下

这时，我孤独地醒了

我们俩的故事已成过去

你的影子裹住我，

天空着火了，那是为恋人们准备的

艾米·怀恩豪斯

（1983–2011）

Amy Winehouse

萨宾娜·斯皮勒林

（1885—1942）

Sabina Spielrein

1904 年，正值夏天。当年轻的精神科医生卡尔·荣格（Carl Jung）被紧急召到 8793 号女病人的房间时，他并不知道这个十九岁的俄罗斯姑娘会改变他的一生。姑娘是两周前来到瑞士伯戈尔茨利（Burghölzli）精神病院就医的，而当时荣格就在这里做代班医生。少女坐在扶手椅上，身上裹着被子，目光呆滞，极度虚弱。她的周围一片狼藉：被扯掉的帘子，被打翻的碳酸饮料，还有一位呼吸急促、因为害怕不敢靠近的女护工。病历上写着："时笑时哭，伴随一系列无法自控的异常举动；面部经常抽搐，往后甩头，吐舌头，腿部痉挛，抱怨剧烈头痛。"女子曾明确表示，自己没有疯，只是无法忍受

"身旁有人和任何噪音"。诊断结果是一种当时仍被认为是疾病的"癔症"。荣格十分镇定。满腔热忱又坚韧不拔的他，闲暇时会雕刻石头，细细端详尚未完成的石刻，他早已学会如何保持沉着冷静。面对病人，他既不怀疑，也不厌恶，而是怀着一种近乎温柔的善意。他的志向，是读懂他们的心。医院院长厄根·布洛伊勒（Eugen Bleuler）昔日在巴黎师从著名的神经学家沙可（Charcot），他对维护病人的尊严也很在意。他推崇精神分析学，此学说由西格蒙德·弗洛伊德（Sigmund Freud）于十年前创立，旨在摒弃精神病学界惯常对精神病人使用的暴力手段，转而采取柔和的方式探索病人的心理。把病人从紧身衣中解放出来，用**谈话疗法**（talking cure）使治疗建立在倾听、对话尤其是医患之间相互理解的基础之上，后者正是荣格目前在着手试验的。

多年来，这位年轻的姑娘迷失了自我。她像是在一片无尽的海洋里游泳，寻找一方属于自己的天地。她还

记得自己的名字萨宾娜·斯皮勒林吗？记得自己至少会
五种语言——俄语、德语、英语、法语和希伯来语吗？
记得很长一段时间她都觉得自己拥有无法描述却能够拯
救世人的力量，但因为害怕被嘲笑，所以没有对任何人
说吗？在萨宾娜的日记里，她曾想起小时候，为了治愈
自身的创伤以及克服生活难题，她创造了一个单词：
parter。这个词是由"partir"（离开）和"porter"（带
走）这两个法语单词混合而成的。**我创造的这个名词有
带我离开、让我飞翔的力量。它可以让我知晓一切并实
现所有我想要实现的愿望**。对她来说，生活从此变成了
可能。但如今，情况却不是如此了。她现在已经丧失了
走路、睡觉、吃饭这些哪怕是最简单的身体机能。各种
声音向她袭来并不断撞击着她的大脑，根本没有给她一
丝休息的机会。当她躺在床上的时候，藏在床单下面的
胡思乱想会和欲望一起，顺着她的背部不断往上爬，甚
至想要扼住她的喉咙。荣格记录道："她希望别人给她

造成伤害，给她下命令。"对此，他表现出了极大的耐心。当她一连几天都拒绝洗漱沐浴时不会去逼迫她；当她爬上窗户护栏或者把数十张长椅整齐地摆在走廊上，希望看到经过的人们不得不跨过去时，也能保持冷静。

平常萨宾娜一言不发，现在她愿意讲话了。她想要说出一切，比如她对自己的厌恶，还有镜子里不忍直视的身体。但是，她应该回到过去和记忆中去，应该毫无隐藏（这可能吗？），说出不可能再见到父亲的那双手和积压在心底的不可遏止、让她倍感空虚的愤怒？这双冷冰冰的手打在她光着的屁股上时她感到的愤怒。这种惩罚最糟糕的地方不是会带来预想中的疼痛，而是一种快感，一种不断膨胀的令人羞耻的欲望。萨宾娜想要消弭这种欲望，在它变得越来越强烈之前。所有这一切都发生在她三个弟弟的眼皮底下，他们被迫亲眼看着她遭受屈辱。这种事怎么能忘记呢？还有这种感觉，觉得自己**又坏又堕落**，不过就是那个**没法与人相处的人**。

　　经布洛伊勒同意之后，荣格破天荒地将她纳入到自己的研究团队当中，让她阅读专业书籍，允许她陪自己一同出诊，给其他病人看病。因此萨宾娜带着最热切的期盼，重新回到了她几乎放弃的事业：医学。她开始相信自己会康复，这样她就可以进入苏黎世大学。这所大学的学位对女子开放，这一点和俄罗斯不同。不到一年，萨宾娜就背着包离开了诊所，包里装着说明她没有患任何心理疾病的医学证明。她继续接受治疗，但怎么治她可以自由做主。

　　也可以自由恋爱了，至少她自己这样以为，因为在这个故事中，一些重要事情已经无法追溯具体的日期。人们从1908年起荣格写给萨宾娜的信中发现了这种痕迹，在很长一段时间这些信件都被这位精神分析学家的子女藏起来了。信中，荣格说自己的"灵魂受到狠狠地撕扯"，坦言"能够爱一个不被庸常习俗扼杀之人"的喜悦。但是，这种爱情因其为时已晚而让人变得痛苦不堪。荣格已经结婚，有家庭，也有名望。他是作茧自缚。对于萨宾娜，他知道自己也有错。他违背了职业生涯的基本准则："我也许是众多懦夫中最不堪、最懦弱的那个。您会原谅这样的我吗？原谅我冒犯了您，面对病人却忘记了医生的职责。"萨宾娜安慰了他。这种精神分析学中所讲的"移情"令她感到十分幸福。因为一个男人不仅懂她，还爱她。她可以怀有欲望且不会为之感到羞耻。当萨宾娜提出想要生一个孩子时，田园诗般的爱情画上了句号。荣格写信给弗洛伊德，向他表明自己已经走投无路。他扭曲了事实，使事件朝着对自己有利的方向发展，再度否认了让他有重获新生的感觉的爱情。随后，为了平息因一封寄给萨宾娜父母的匿名信（毫无疑问是荣格夫人写的）而闹得沸沸扬扬的丑闻，荣格写信给萨宾娜的母亲，并在信中洗脱自己的一切责任："事情发生之际，我怀揣着极其温柔且富有同情之心，想向您的女儿坚定地证明，证明我的信任，我的友谊，从而使她敞开心扉。"

荣格感到眩晕，面临可能的幸福深渊，他退缩了。他的灵魂，如此熟悉雕塑的劳作，习惯于物质的缓慢转化，突然间被萨宾娜敏捷、近乎狂野的天性所淹没。她身上有着某种康德[1]称之为"绝对大"的崇高，这种崇高能够使人了解自己的局限。因此，荣格不是怯懦，而是无能为力。萨宾娜希望使他变得同样崇高，但她并不知道，这是别人无法企及的高度，她还试图唤醒他，让他发现什么才是最重要的。**爱情更为崇高！我原谅您，因为尽管如此，我还是爱您。去吧，去过想要的生活吧，如您所愿。**

萨宾娜并不因自己的遭遇感到困惑，而是试图去超越它。由于她非常清楚自己是荣格与弗洛伊德之间书信来往的话题人物，因此她在1909年6月给后者写了好几

---

[1] 伊曼努尔·康德（Immanuel Kant，1724–1804）：德国哲学家，古典哲学创始人，启蒙运动时期最重要的思想家之一。康德认为崇高分为两种：一种是"数学的崇高"，特点在于基于审美判断中对象体积的大，即绝对的大；另一种是"力学的崇高"，指对象威力的大，是恐惧的根源。

封信，时间间隔很短，短到对方还来不及给她回复。她告诉"教授"：她写这封信丝毫没有要找荣格算账的意思，只是为了说明事实并提出一个和荣格有关的请求。**我非常希望有人能告诉我他是一个值得被爱的人而并非一个无赖**。她不是荣格的病人，而是一个想说出真相的准精神分析师；她希望自己不是两位专家之间争论的一个"疑难杂症"，而是别的。萨宾娜相信弗洛伊德是正确的：他成了这场无输赢、无规则的游戏的裁判，尽管这令他很尴尬，但他给予了萨宾娜所需要的关心。**我多么希望他能理解我啊！**萨宾娜心里祈祷着，她害怕自己会崩溃，所以把这次通信看作是自己**最后的希望**。很快，弗洛伊德以友好的中立姿态结束了这场闹剧。他对萨宾娜言之凿凿地说"这是男人都会犯的错误"。对于后悔把自己的老师牵扯进这个疯狂的故事中来的荣格，弗洛伊德则安慰他并把责任归咎于那位年轻女子——萨宾娜身上。

自从荣格离开她后，萨宾娜平静的生活又重新变成一场战斗。一方面是可以想象无限可能、学习、**拥抱全世界**的快乐；另一方面是对重回深渊的恐惧。萨宾娜在日记中忘我地写道：**有时，我绝望得想要大喊**。她想找一份工作，但前提是她必须理清自己的头绪，进行自我分析，因为荣格不能再为她做这件事了。他们两人仍然互相写信，但是他近来的冷淡让她深受打击。萨宾娜问自己，她那注定要做**高于一切的大事**的人生信念是否还在。一天晚上，她看着镜子。她看到的不是镜中照见的自己而是一张**如石头般灰暗的脸**，一张狼的脸，这头狼已在她身上**潜伏**多日，即将跳起来将她杀死。萨宾娜自我诊疗，检查四周，尝试摆脱幻觉，她颤抖着。她的脑海里响起了警告："**最可怕的要来了**"。这不是她第一次想到死亡。她知道自己能做出自杀这样的事，她不害怕。她甚至想到用氰化物自杀。通常，是人世的声音，是外面的大自然和一直前行、生活、希冀着的人们挽救了她。赶走这种颤栗是多么简单啊！看看窗外的生活就可以得救。但还能持续多久呢？

　　萨宾娜实现了她的目标。她拿到了精神分析的学位，也出色地完成了毕业答辩——这是第一篇由一位女性撰写的有关心理分析的论文。弗洛伊德热情地欢迎她加入维也纳精神分析学会，他高兴地表示，一位拥有"更细腻的观察、更敏锐的感知"的女性为共同的事业做出了很大贡献。然而，对于她提交的第一份研究成果，他是持怀疑态度的。后人认为"破坏作为成长之因"是萨宾娜对精神分析作出的第一个重大贡献，是她对荣格的爱的**果实**。通过写这篇关于欲望和权力的文章，她想让自己从对他的感情中解脱出来。她最后还想表达一种遥远的、自相矛盾的、不断感觉到的直觉：破坏本能的存在不仅与性行为有关，而且与生殖有关。据她说，这种基本的对立解释了我们每个人同时有对生和死的渴望，这

两种欲望保持着一种脆弱但必要的平衡。弗洛伊德会听
"小姑娘"的见解，他这样叫她，但并没有认真对待。
但十年后，他在《超越快乐原则》（*Au-delà du principe
de plaisir*）一书中重申了"死亡冲动"的概念，并在脚注
中指出萨宾娜·斯皮勒林"早早就提出了这个假设中的
大部分观点"。他还坦率地承认她的工作对他而言不是
"完全透明的"。这里的"看不透"表明深度可能深不
可测。

　　萨宾娜想看透其他人。这是她的任务，她的才华。
她发现自己能轻而易举地体会到别人的感受。她提出了
一个假设：女人的首要角色，并非弗洛伊德现实主义中
所谓的生物学的分娩角色。她真正的力量，她**巨大的社
会意义**，是共情：认同他人情感的存在，确保人与人之
间的联系——简而言之，就是理解。即使曾经过从甚密
的弗洛伊德和荣格后来分道扬镳，动摇了精神分析界，
她也仍在维持两个男人之间的联系。尽管她是一个坚定

的弗洛伊德主义者，但她毫无怨恨地鼓励旧情人忠于自己的信念：**要勇于承认弗洛伊德的伟大，即便您并不同意他的想法。只有这样，您才能自由，才能变得更强大。**

萨宾娜像一颗流星，划过天际，继续她的路。她结了婚，成了母亲。她专攻儿童认知心理以及语言和思想的发展。她创造了自己曾缺失的东西，填补了很久以前几乎杀死她的空白。在瑞士，她讲授精神分析和梦的力量。她常常缺钱，但总能重新振作起来。俄国革命给她带来了机会。她的学科在这里被称为"弗洛伊德主义"，引起了人们的兴趣，并在几年间产生了一定影响。萨宾娜加入了全新的莫斯科精神分析研究所。然而，斯大林在1933年彻底禁止了此类活动。**毁灭的本能**正在欧洲蔓延。讽刺的是，萨宾娜一直以来担忧的事情发生了。在她回到出生地——顿河畔罗斯托夫（Rostov-sur-le-Don）之后，她和两个女儿在纳粹的大屠杀中丧生。那是1942年的夏天。

　　他无权否认我俩在那几年有一种高度的精神契合。他不能否认他把我、还有他对我的爱视作一种神圣的东西。他也不能否认他曾经多次向我保证没有人比我更理解他。

　　尽管我有一张平庸的面孔，但我依然有讨人喜欢的东西。有什么能比一位健康且柔情似水的少女更美呢？

　　宁死也不愿受辱。希望这句话能深深印在我心里，就像刻在一块坚硬的灰色岩上。

　　我需要独处，我需要和自己对话。

　　我害怕内心绝对的平静。我需要在我周围感受到一些强烈的欲望，我需要活出不同的人生，我需要被伟大而深刻的情感所鼓舞，被音乐和艺术所包围……说实话，我可能永远都不会感到满足。

多亏了彼此，我们体验到了很多。

我受够了那些黑暗的想法。往后，我希望自己能变得快乐起来。

昨天，当家里的女佣对我敞开心扉，把我拥入怀中，告诉我她是如此爱我，以及对我说我有多好多好之类的话时，我深受触动。我值得被这样对待吗？真的有人能这样爱我吗？

我最珍视的，是友谊。

如果生活和我断了联系，那可能是因为我不能和它达成共识，我永远迷失了方向。

尽管生活是最愚蠢的形式，尽管它锱铢必较，我们也要去适应它，否则只能被淘汰。

啊，我的守护神啊，要是我能马上摆脱焦虑不安就好了！有没有一颗幸运星也为我冉冉升起呢？我那些"奇思异想"里有没有可能也蕴含着一点点真理呢？

有时，我感觉当学术界阅读我的作品时，自己在他们眼里就是一个自吹自擂的家伙——声称向全世界揭示了第一件到来的蠢事。

我的内在天赋称我为"胆小鬼"。

我渴望，以我所有的青春信仰去渴望，自己能不再胆小怯懦。

夜色迷人，却有点热，远处传来幽怨的小提琴声。

是的，我坚信爱情的存在。尽管已饱经风霜，我依然能够以美好的眼光看待这个世界。我相信世间存在圣洁的爱情，当然，我不知道这样的爱情能持续多久，但只要我们爱着，那就是全心全意的爱。

萨宾娜·斯皮勒林（1885–1942）

Sabina Spielrein

艾米莉·狄金森

（1830—1886）

Emily Dickinson

马萨诸塞州(Massachusetts)的小镇阿默斯特(Amherst ）被森林和河流环绕,艾米莉·狄金森就在这里出生,在这里生活。小镇上的人彼此都认识,几乎从来没有什么大事发生。马戏团每年来表演一次,每周日大家玩惠斯特纸牌,有时也在体育馆打打保龄球,若是夜里教堂的钟声突然响起,那宣告的便是熊熊大火烧毁简陋屋舍的一幕惨剧。在这些街区的清教徒看来,火焰是神愤怒的表现。小镇阿默斯特在 19 世纪初没有逃过当时波及整个新英格兰（Nouvelle–Angleterre）的大觉醒运动[1]。在宗教复兴的时代背景下，精明老练的布道者劝说新教徒奉守一种情感更炽热、更外露的信仰。狄金森一家都是这股势不可挡的福音布道运动的拥护者：父亲爱德华是一位严峻古板的律师，也是小镇的中流砥柱；母亲和她一样，也叫艾米莉，对丈夫言听计从；长兄奥斯丁是家中的宠儿，家人对他寄望颇高；妹妹拉维妮娅，小名温妮，天真无邪，备受呵护。全家人都信了教，唯独艾米莉，拒绝发誓，讨厌去教堂。**基督召唤这里的每一个人，我身边所有人都积极回应，甚至我亲爱的温妮妹妹也相信自己对基督的爱，只有我，我是唯一的反抗者，且目空一切**。只有一件事，唯一的一件，是艾米莉在乎的：**做自己，而不是其他任何人**。这样的想法就像是一个承诺，她坚持自

---

[1]　大觉醒运动（Great Awakening）：发生于 18 世纪三四十年代的北美殖民地，是一场反对宗教专制、争取信仰自由的新教复兴运动、思想启蒙解放运动。发起人是到北美传道的荷兰归正教会牧师富瑞林·怀森，他以宗教复兴为旗帜，把矛头对准宗教压迫的精神支柱——官方教会的要义，以"灵魂自由"（free will）为口号，宣扬民主平等、信仰自由、人民主权和反暴政的革命思想。

我，不做辩解，全然不顾他人对她的看法。

　　尽管她的异见被视作疯狂之念，她的想法与世人的眼光和无聊的说教相去甚远，与秉承加尔文派传统、压抑人的天性、宣扬神之万能的教会也格格不入，但它们和她内心真实存在的信仰并不冲突。艾米莉·狄金森不信天堂，也不信地狱，不信救赎，也不信罪罚。她在乎的是她生活的世界、美妙的大自然和她所爱的人。她无需通过任何媒介去理解神圣，因为在她看来，神圣无处不在。她的信仰就在于此，在她对周遭一切的深沉的爱里，在她的目光所到之处，在那些别人视而不见的事物上。不过她的眼睛却是柔弱的。难得的几次离开阿默斯特小镇外出，都是为了去波士顿看最好的眼科医生，她的眼疾时常复发，疼痛让她担心情况会越来越糟。医生发现她的眼睛有轻微的斜视，对光尤为敏感，因此建议她短期内不要看书。她依依不舍地放下枕边书，幸好那本书她读过很多遍，大多书页都折过角，早已烂熟于胸了，就像她深爱的莎士比亚的著作一样，对她而言那就是所有艺术的守护神。医学常常对一些病症的表征视而不见：艾米莉的目光超级敏锐，大大小小的事物都逃不过她的眼睛。从十五岁起，艾米莉就时常漫步森林，带回几百种植物做成植物标本集，那也渐渐成了一个真正的思想之源。她可以连续几小时观察漫天飞雪，一只鸟飞行的轨迹，一只撞到玻璃的苍蝇的绝望之舞；她不关心钟表上的时间，只注意天空颜色的变幻。对她而言，清晨是红色的，中午是紫色的，而傍晚是黄色的。如果一定要对艾米莉做一个诊断，可以说她染上了"诗歌病"。

一个志向的萌生往往和一个具体的事件密切相关：一次念念不忘的相遇，一个常在眼前的物件，一句充满理解和爱的话语。对于这个话题，艾米莉·狄金森几乎不谈论，但在一封信中告诉一个女友，说她在某一天感觉找到了自己的路。**我敢去冒险，去做一些奇特的事情，**

生活于是有了一个目标。对此，我们无法知道得更多。
在这个过于循规蹈矩的家庭里，梦想和情感一样，都不
会被其他人看见，尤其是艾米莉的父母，他们早就放弃
了生活可以带给他们的种种快乐。艾米莉的母亲性情忧
郁，把所有精力都放在操持家务上，无暇去放飞心灵。
艾米莉描绘她时而冷漠、时而严厉、时而**可怕**。艾米莉
的父亲是他自己所谓的"理性幸福"的践行者：除了工
作，他没有别的念想，就连孩子们的言谈也不会让他费
心劳神。他会给艾米莉买书，但又让她不要多看，担心
书中的内容会给她带来困扰，让她分心，耽误她做诸如
打扫屋子、修剪花木、烧菜做饭之类的日常家务。当她
似乎忘记了父亲的教诲，他就会反复提醒她"要活在现
实里"。艾米莉不明白这意味着什么。对她而言，现实
既辉煌又野蛮，充满了**饿狼**，会被电闪雷劈，彻底**打懵**。
在自己的房间，夜里她一刻也不离开她的书桌，写一些
小文、小诗，哪怕是在情人节的夜晚也不例外。那些直

抒胸臆的文字中，有一篇发表在阿默斯特学院（Amherst College）的期刊上，这所学院是她祖父创办的，她自己也曾就读于此。文章是她自己寄出的吗？还是她的一个女同学，她的哥哥或她的妹妹代劳的？年轻的期刊主编对艾米莉的文笔印象深刻，但对她的身份一无所知，或许有过这样的感慨，这位作者"有一种魔力，让想象迸发活力，让浑身的血液奔涌沸腾"。

有幸读到她的文字的人极少。虽然她和很多人有书信往来，写了上千封信，但她死死保护她的诗作，一首首她花了几小时去雕琢的短小凝炼的作品。艾米莉·狄金森这么做，并非因为她害怕受到读者的评判，而是因为她认为发表作品毫无意义，所以对各种出版都持怀疑否定的态度。但她还是忍不住好奇，很想知道自己的写作到底有没有价值，尤其是她的诗歌，是否足够**鲜活**。就在邻家男孩一个个长成男子汉奔赴南北战争的前线时，她也在思考自己的在这个世上的位置和未来，思考自己的才华，思考自己是否也可以赋予自己的生命以意义。有一天，她在著名的地方文学杂志《大西洋月刊》（*The Atlantic Monthly*）上读到托马斯·温特沃斯·希金森（Thomas Wentworth Higginson）写给青年才俊的一篇文章，文中他给青年们提了一些建议。于是，艾米莉决定写信给他，并附上了四首小诗，希望得到他的鼓励。一个年轻女子如此坚决，做出这样的举动，在当时是很令人震惊的。这一点上，艾米莉和英国作家夏洛特·勃朗特（Charlotte Brontë）很像——艾米莉房间的墙上便挂着一帧夏洛特·勃朗特的肖像——三十年前，夏洛特就曾问过当时的一位大诗人罗伯特·骚塞（Robert Southey）自己是否有创作的才华。后者告诫她说："文学不是也不应该是女人的事业。"夏洛特·勃朗特强忍怒火，写出了一部《简爱》（*Jane Eyre*）传世。艾米莉·狄金森也收到了一个令人心灰意冷或者说至少是歧视女性的回复，但她选择一笑置之。这位曾因忽视女诗人才华而长期受到指责的希金森，成了艾米莉最忠诚的通信人之一，他既是她的读者，也是评论者，很快两人就成了朋友。此外，作为坚定的废奴主义者、女性解放事业的捍卫者，希金森也按捺不住好奇，很想知道自己到底是在和谁通信，于是有一天跟她要了一张照片。艾米莉其实有一张肖像照（也是我们熟知的唯一一张她的照片——端坐在桌边，长发绾在脑后，脖子上系着一条缎带），但她更愿意用几句话来形容自己：**我像戴菊莺一样弱小，我的头发像栗子壳斗上的针刺一样宁折不弯，而我的眼睛，就像宾客杯中残留的雪莉酒。**

艾米莉·狄金森对自己的这一番形容够刻薄，那是因为她的容貌的确给她造成了困扰，她常常认为自己微不足道，她多么渴望能成为草叶，在风中摇曳，满足于承接清晨的露珠。这种遁隐于世，只想做叶上的露珠、纸上的词语的渴求是她的夙愿。她多么希望存在一种**个人专属的调调**，就像音乐中有大调和小调。对所有不理解她的人来说，这解释了她为什么愿意离群索居、暗中观察周遭的世界。既然这种调调不存在，她就要去创造它。年岁越长，她就越爱待在自己的房间里，与其说是为了避世，不如说是为了更好地生活，完完全全地占领一个空间，每天都多征服一点点领地，把这种孤独变成一种冒险。可以说，她并不住在真实的世界里，而是住在无限的**可能性**之中。她这种自发的离群索居是从什么时候开始的已不可追溯，因为这一生活方式是在不知不觉中慢慢形成的。人们很难相信她这么做是毫无来由的，总觉得是事出有因，猜测她是不是受了什么事件的刺激或外界的什么攻击。大家很想知道到底是什么让她把自己封闭起来，而在她死后找到的1789首诗歌中，她又表现得那么迷人、那么感性。我们应该想象艾米莉·狄金森是幸福的，她透过窗户观察往来的行人，听到他们在门外的生活，开拓自己无限的想象力，花整整几个小时去推敲一个最合适的字词。虽然她和妹妹温妮鲜有共同之处，但妹妹却是唯一一个理解她的人："艾米莉在我们家的作用就是思考，总得有人思考。"为了让姐姐完成她的天职，温妮习惯了帮姐姐做那些烦人的日常家务。把姐姐从女性既定的角色中解放出来，或许放弃了自我实现，但她为姐姐成为一个艺术家创造了可能。

　　艾米莉对妹妹倾注了无限的柔情。她曾表达过自己害怕永远失去妹妹的恐惧：**一直以来，温妮对我而言就是全部，以至于我离开她一小时都会有一些莫名的恐慌，害怕暴风雨会突如其来，而我自己却无处躲避。**她对女友苏珊也有类似的依恋，她是艾米莉的闺蜜，当两人都还年轻、都还单身的时候，艾米莉就告诉她自己对婚姻生活的恐惧，除了女性屈从于男性，她想不出别的相处模式。**这样的生活前景让我痛心，苏珊，一想到有朝一日我也要面对那样的生活，我就害怕得发抖。**苏珊却不害怕，几年后，她嫁给了艾米莉的哥哥奥斯丁，尽管艾米莉很高兴闺蜜成了嫂嫂，但看到她撇下自己还是害怕得**发抖**。这两个女人一直保持通信，给彼此写了无数封信。艾米莉在信中表现得非常深情，那份温柔的情愫可以说是超乎友情的。艾米莉自己也承认，她对苏珊怀着一种近乎**偶像崇拜**的情感，有时会沉湎其中，苏珊就是她的**全部。我爱你如此之深，这让我心碎，或许，我还能重新爱你，在我生命的每一天，每一个清晨，每一个夜晚。**但苏珊却未回以同样的热情。或许这是艾米莉离群索居的原因之一，这份让她感到生命活力的欲望灼烧着她，但她知道只是自己一厢情愿，于是便死了心。她封存了一座火山，为的是不让它在世人眼中喷发。

就这样，艾米莉用充满爱的双手，在自己和外界之间筑起了一道墙。这是她的**私事**，也是她赖以生活和写作的源泉：

如果我能让一颗心免于破碎，

我就不虚此生；

如果我能让遭受磨难的生命得到慰藉，

平息一份苦痛，

或是帮助一只虚弱的知更鸟

回到它的巢中，

我就不虚此生。

在阿默斯特，人们谈论狄金森就像在谈论一个幽灵。
她深居简出，很少露面，人们只记得她有一次去镇上的
集市领奖，她独门秘方制作的黑麦面包得了二等奖。人
们对这位已经过了结婚年纪的老姑娘冷嘲热讽，想知道
她长什么样，如何打发日子，如何捱过这日日夜夜。写
作是她的秘密，她只和忠诚的友人分享，在很少的几封
信中，她送过他们几首自己写的诗。直到生命的尽头，
她都拒绝出版自己的诗作。她曾经的同窗海伦·亨特·杰
克逊（Helen Hunt Jackson）也写作，对艾米莉这种保留
态度颇为不解："你是一位伟大的诗人，如果你不放声

高歌，那对同时代人而言太不公平了。"艾米莉沉默不语，将自己亲手缝制的手稿本锁在抽屉里。偶尔她也会从隐居处走出来，穿一袭白裙，和朋友一起待上几个小时。在她的葬礼当天，希金森信守了一个承诺，他朗诵了艾米莉·勃朗特[1]（Emily Brontë）的一首诗。除了对文字的热爱，两位艾米莉都喜欢平静无波但充满幻想的生活，都是做面包的好手，都喜欢隐姓埋名。希金森朗诵的那首诗就像是艾米莉对所有那些不理解她的人的回应："我的灵魂绝不怯懦。"

---

[1] 《呼啸山庄》作者，与夏洛特·勃朗特及写作《艾格妮丝·格雷》的安妮·勃朗特为三姐妹，三人被称为"勃朗特三姐妹"，亦被视为英国文学史上的一个奇迹。——编者注

　　那些人是怎么做到活着却不思考的？这样的人在这个世界上有很多（你们一定在大街上见过他们）。他们是怎么生活的？是什么力量让他们早晨起来穿上衣服去迎接新的一天？

　　当个大人物，多么无聊！
　　这和青蛙，有何分别？
　　在整个六月，对着仰慕你的沼泽，
　　一遍遍叫着自己的名字，多么聒噪！

　　也许你们会嘲笑我！也许美利坚合众国的所有人都会嘲笑我！但这不能阻止我！我要做的事就是去爱。今天早晨，我看见一只鸟，在花园尽头那低矮的小灌木上，既然没有人会听到，我对自己说，那为什么要放声歌唱呢？

对我而言，活着就是一种狂喜，感受到自己活着就足以让人欣悦。

不可思议不会让我们感到吃惊，因为不可思议就是不可思议。

做自己本就是一场冒险。

我在十五岁之前都不知道如何看钟表上的时间。我父亲认为他教过我了，但我没弄明白，我怕告诉他自己没弄明白，也害怕去问别人，又要让人再教自己一次。

我知道你们或许要笑话我了。但这阻止不了我。我要做的事就在边界。

假如最后这世上我爱的人们

都得到允许，理解了我为什么

一直远离他们的苦衷，

我不会抱怨

秘密揭开会让我宽心释怀

却会让他们伤心介怀。

如果我有一块画布，我会画一幅让人潸然泪下的画。

我们很多重要的举动，自己却往往丝毫不觉。

有时我问自己，如果我过去没有做过梦，或此时我没有做梦，或我并不总在做梦，那我的人生又会怎样？

我希望我们是孩子。

　　我希望我们永远是孩子，如何长大，我不知道，也不想知道。

艾米莉·狄金森

(1830–1886)

Emily Dickinson

西尔维娅·普拉斯

（1932—1963）

Sylvia Plath

西尔维娅·普拉斯出生于距离艾米莉·狄金森家一百英里的地方。年少时,她读过艾米莉的诗作,梦想成为像她一样以写作为生的作家,就算旁人都不理解也决不放弃。她喜欢艾米莉那简洁真挚的笔触,想投身于诗句的美妙,不遗余力地珍视自己的内心,把曾经学会要埋藏心底的东西说出来。如果她们能相识,一定会分享她们对大自然的热爱。大自然让人眼前一亮,永远不会让人失望,因为它总能重焕新生。她们都热爱田间的劳作,不断观察树木和植物,着迷于它们抗击外界的能力。还有蜜蜂也是,它们在花丛中过着愉悦的生活。以上就是她们的相似之处。艾米莉素喜白衣飘飘,喜欢独处,而西尔维娅爱着一身黑衣，喜欢探索世界。但是她也能理解偶像的隐世生活。她在 1960 年出版的第一部诗集《巨人》（*Le Colosse*）中，用一首诗献给这种**女王精神**，她非常看重事物的真实性，所以决定用**刺铁丝网**围住自己，躲在其中做自己的梦。

西尔维娅渴望在这个世界上有自己的一席之地，但又觉得有必要从这个世界抽身，甚至希望永远离开这个世界，这个念头第一次出现是在她二十一岁那年。那时她刚从纽约回来，在那儿她因为才华出众被《小姐》（*Mademoiselle*）杂志邀请参与编辑工作。几年来她一直在创作诗歌和小说，期望可以发表。可是见识过大城市和野心勃勃的城里人之后，她大受震动：她自问如何才能融入一个与自己内心深处的憧憬迥异的世界。之后她又得知自己申请加入哈佛大学一个著名的写作工作坊的申请没有被接受。当时她就读于史密斯学院（Smith College），这是一所于 1871 年创立的女子名牌大学。她在校园里拥有一间小房间，开始了最初的男女约会，投身到各种学生杂志的编撰中。她在日记中写道：**什么是幸福？那就是继续前进**。所以她带着饱满的热情努力着，相信终有一天能达到自己的目标。她乐于讲述身边人的生活，她最美好的愿望就是进入别人的内心，尤其不想困在个人情感里，她要做一个**无所不知**的人。

　　西尔维娅心中暗暗想着名声，想到自己的名字会印在一本书的封面，想到看到自己的诗为他人而存在时的幸福。心里的一个声音告诉她，成功的可能性是毋庸置疑的，另一个声音却扼住了她的喉咙，使她双眼噙满泪水。她越来越感受到理想的空洞和志向的无用，厌恶地注意到大家对所有与她同龄的年轻女孩的期待：结婚生子。几个月来，她不知所措地看着一些同学被"小女人就应该待在家里做家务""读太多书就结不了婚"这样的话所说服而放弃了学业。她该怎么办呢？喜欢她的人以后会同意她当艺术家吗？她也想要孩子，但是想做母亲与想当诗人，这两种愿望能兼容吗？**我有能力同时实现这两个愿望吗？**西尔维娅在日记本上记下这些迷茫的时刻，感觉**所有出路都被像蜡一样的东西堵住了**。有时候，陷入疲倦与气馁时，她难得也会给自己鼓鼓劲。"**加油，小乖乖，是时候了，宝贝，你可以的。**"西尔维娅的母亲奥蕾莉娅（Aurelia）察觉到女儿的情绪变化，十分担心，于是带她去看波士顿一位有名的心理医生。医生告诉她这是一种过度敏感，需要治疗，可是他却不知道这份敏感恰恰是滋养西尔维娅创作的沃土。在那个年代，人们往往相信电休克疗法[1]是有疗效的。

然而，电休克疗法加重了西尔维娅的病情，扼杀了她内心的所有冲动。她唯一的一部长篇小说《钟形罩》（*La Cloche de détresse*），在她去世后一经出版立刻被当作一部杰作。书中，西尔维娅回忆起放在太阳穴上冰冷的薄金属片、缠在齿间的金属线、电击震动前的寂静、

---

[1]　是治疗精神病的一种方法，即用一定量的电流通过大脑，引起意识丧失和痉挛发作，以达到治疗目的。现已日益少用。——编者注

无法自控的抽搐的身体，尤其是痛苦。电休克疗法除了让她备感空虚外别无他用，她不明白这种疗法的目的何在，在和朋友概括它时，她只说了一个字，**呸!** 西尔维娅一个人回到家，头痛欲裂，新近又失眠，安眠药被锁上了，她的不适感愈发强烈。由于害怕再见到通往地狱大厅的**水泥走廊**，日常的欢愉消失了。深信一只脚已经踏进死神之门，西尔维娅决定加快速度。1953 年 8 月的某一天，她下到祖屋的地窖，躲在一堆旧木头后面，吞下一瓶安眠药。她的家人们在当地报纸刊登了寻人启事，抱着最坏的打算苦苦等待。三天过去了，她的弟弟碰巧去地下室，奇迹般地找到了陷入昏迷的她。之后，西尔维娅重新振作起来，决定**拥抱生活**。被收入麦克莱恩（Mclean）医院后，她由一位新的精神病医生 —— 博伊舍尔（Beuscher）负责治疗，这位女医生鼓励她主动接纳欲望，无论是艺术创作上的还是肉体上的，西尔维娅获得新生。都结束了，无论是情感上的重负，还是怕自己成不了作家的担忧，抑或是因为世俗的眼光使她不敢亲吻心爱的男孩的挫折感。西尔维娅把头发染成了铂金色，重新投入创作，她获得了好几项诗歌奖，在时尚文章上也亮了相。一张 1955 年在英国剑桥大学的花园里拍摄的照片上，西尔维娅刚刚拿到了奖学金，微笑着仰望天空。

自由而且快乐，她旅行，在蔚蓝海岸（ La Côte d'Azur ）沐浴阳光，开始上戏剧课，参加合唱团。生活是美好的。在翻阅一本文学杂志时，她发现了特德·休斯[1]精彩的诗篇。她很快就遇见了他，在一个夜晚，**这个高大忧郁的家伙**从沉醉在爵士乐的人群中向她走来。年轻男子的脸上留下了西尔维娅咬出的血痕，这是她对他一见钟情的印记，而此时西尔维娅已经知道他们是属于彼此的。她一直恐婚，但四个月后就嫁给了他，因为她惊奇地发现竟存在这样的爱情，从此以后，她坚信**生命胜过死亡**。因为有了他，她才意识到写作是她的命运；也因为有了她，

---

[1]　特德·休斯（ Ted Hughes，1930–1998 ）原名爱德华·詹姆斯·休斯（ Edward James Hughes ），英国诗人和儿童文学作家。代表作有《雨中鹰》《生日信札》等。

他开始重新审视周遭的一切。如果说在此之前他仅仅是在写诗，那么和心爱的人在一起之后，他才真正成为诗人。西尔维娅自己也才思敏捷，她捕捉最日常的事物并通过黑色笔墨将其升华。雨伞、蓟草、奶牛、茶壶，在别人还没注意到时，她就已穷尽现实的丰富性。

　　她对丈夫的才华深信不疑，于是重新阅读他的诗作并把它们在打字机上打了出来，支持他拿去出版。特德的首部诗集《雨中鹰》（*Le Faucon sous la Pluie*）收获一致好评，包括诸如诺贝尔文学奖得主托马斯·斯特恩斯·艾略特 [1] 等大作家的赞誉。而西尔维娅自己的诗歌却搁置在抽屉里。忙于修改特德的诗作，以及负责和出版社、翻译家及仰慕者的联系，她开始怀疑自己的才能。爱情支撑着她，同时害怕失去特德的恐惧也开始侵扰她。**如果他出了什么事，我不知道我将如何继续生活。我**

---

[1]　托马斯·斯特恩斯·艾略特（Thomas Stearns Eliot，1888–1965）：英国诗人、剧作家、文学批评家，1948 年获得诺贝尔文学奖。代表作有《荒原》《四个四重奏》等。

可能会发疯或者自杀。由此，她认为有必要找到属于自己的路，重建独立于丈夫之外的自我。尽管伦敦的一家出版社接受了她的第一本诗集《巨人及其他诗歌》（*Le Colosse et autres poèmes*），但这并没有用，因为在上流社会的晚会上大家对她视而不见，没有人问她的名字，她继续待在无人知晓的角落，而这并不是她所期望的。特德的知名度越来越高。而她自从生下了女儿弗里达（Frieda），便明白了什么是母爱。他在城里有一个书房供他写作之用，她希望有一天也能拥有一间属于自己的房间。夜晚，在蓝幽幽的月光下，她对那些没打算了解她的人低声说道：**我并非影子，虽然影子就在我脚下。**她思索爱情和她所处的环境，思考是什么促使或阻碍了两个人走完各自的旅程并且都活得出彩。而在此之前，当被问到婚姻观的时候，她总回答说她认为夫妻**就像两个相交的环，中间相扣，有一个重叠的公共区域，但同时又有各自朝世界凸出的弧。**而在那以后，她意识到自己被禁锢在了一个不属于她自己的环里，她问自己如何才能从中走出来。

西尔维娅害怕时间溜走，害怕那**讥讽的滴答声**，因为它总是提醒着她还有没做的事，以及她还没成为或永远成为不了某个人。人生匆匆，儿子尼古拉斯出生，犹如黑夜中的一点光，然而她却感觉自己在**流沙**中逐渐沉没。怎样做好一个妻子、一个母亲和一个诗人呢？在那个年代，还没有人谈到女性的困境，她们被禁锢在各种矛盾的角色中，还要承受今天所谓的"精神"负担。然而，西尔维娅并不为自己的选择感到后悔。她之所以乐意**洗衣、种花、做饭、煮菜**，是因为她爱丈夫特德，也因为她想要孩子。但她嫉妒男人，嫉妒他们的**自由身**，可以为所欲为不受生活的羁绊。

《爸爸》（*PaPa*）是她生命最后阶段创作的诗中的一首，是一首给男性的别样献词，一曲永远不能被读懂和深刻体会的哀歌。八岁丧父的西尔维娅，在诗中和这

个她从未停止去爱、却因他的消逝**将孩子的心切成两半**
的男人做了了结。她在客厅为他编排舞蹈，听到父亲低
沉平静的嗓音她就会微笑，那声音仿佛是她的避风港，
那样的时光已一去不复。随着诗句一行行推进，西尔维
娅奇怪地把她**爸爸**比作纳粹，还把自己想象成那些恶魔
手中的**犹太人**。她毫无顾忌地将一段与自己无关的历史
据为己有，因此受到了强烈的谴责。出生在德国人和奥
地利人相结合的家庭，她显然和集中营没有丝毫关系。
把自身存在和纳粹大屠杀（Hilocauste）联系在一起，她
或许只是想找一个背景，一个无法言说的过度悲伤的隐
喻。迫害和人类痛苦的差异就这样在她笔下消失了。原
因并不重要，人一旦受苦，就同属一个阵营，被归于同
一类人了。诗歌之于她，有着团结世上所有受迫害者的
使命。

　　1963 年，自从特德爱上了另一个女人，西尔维娅便
一个人带着三岁的弗里达和一岁的尼古拉斯生活。她决

定重新投身写作，并选择搬到伦敦，住进她最喜爱的诗人叶芝（Yeats）最后的居所，希望通过追随他的生活轨迹来获到好运。每天清晨，伴着晨曦，她趁孩子们还在睡觉的空隙写作。这段无人打扰的自由时光是她取得的胜利。她终于筑起了**刺铁丝网的屏障**，可以让她写她**最美的诗篇**，这些诗很快以《爱丽尔》（*Ariel*）为书名结集出版，为她艺术家的身份正了名。一个夜晚，孩子们一回房间，她就关上了厨房的门，堵住门缝，打开了煤气。**弗吉尼亚·伍尔芙（Virginia Woolf）为什么自杀？或是莎拉·蒂斯黛尔（Sara Teasdale），又或是其他杰出的女性？**早在十年前她就曾在日记里这样问过自己。**我要是知道该多好。**

是的，我最大的愿望是混迹于水手、士兵、酒吧的常客之间，身处其中又不被人注意，默默无闻，去记录、去倾听。但这一切都不可能，就因为我是一个必须始终受到保护、避免受到可能的骚扰的女孩、女人。我对男人和对他们的生活的浓厚兴趣常常被误解为是想诱惑他们或邀请他们发生亲密关系。

没有什么比和人一起吐槽更能让你们成为老朋友了。

对待他人，我要么太过喜欢，要么一点都不喜欢。

我还是太天真了，我很清楚自己喜欢什么、不喜欢什么，但请你不要问我我是谁。

我永远无法看完所有我想看的书，永远无法成为所有我想成为的人，也无法过上所有我想过的生活。为什么会想？我想体验并感受我的身心生活中可能存在的所有细微差别、变奏和色彩。

而我现在处处受限。

我渴望的东西，最终会毁了我。

看到事情会变得多么糟糕，有一种病态的满足感。

当我们发现自己什么都想要的时候，也许我们已经危险地接近于什么都不想要了。

我可以选择。要么一直积极幸福地生活，要么消极被动、自省、忧郁。

抑或是在这两种状态之间不停摇摆，走向疯狂。

神明啊，是不是在某个地方有出路？

如果我不曾去想，或许我会幸福得多；如果我不曾有性器官，或许就不会极度狂躁又时常泪流不止，更不会因此而崩溃。

有没有某个人在某个地方幸福地生活着呢？

心里有离开的渴望却又哪儿都不想去，多么可怕呀。

如果用"爱"替换掉歌词中"欲望"一词，那么我们将会更靠近真理。

我在世间的信仰

就是一个空空的瓶子。

我一直在飞

我一直在坠落。

"我再也不和上帝说话了。"

我在父亲死的时候这样说道。

爱；除了自己我谁也不爱。承认这件事是挺令人震惊的。

我爱所有人。如同集邮者爱收藏的邮票一样。

我闭上眼，世界瞬间坍塌。死亡。

我睁开眼，一切又重生。

我想过你会信守承诺回来看我，

但我已经老去，忘了你的姓名。

我最好还是去爱一只鸟，至少在春天的时候它们会

再次叽叽喳喳地鸣叫。

我认为，最令我感到害怕的，就是想象力死去。也

许我永远也不会幸福，但今晚我很高兴。

西尔维娅·普拉斯（1932–1963）

Sylvia Plath

玛丽莲·梦露

（1926—1962）

Marilyn Monroe

由约翰·休斯顿（John Huston）导演的《乱点鸳鸯谱》（*The Misfits*）是玛丽莲·梦露生平完成拍摄的最后一部也是"最有伤风化"的电影。虽然在整部影片中，她从未全裸出镜，但在每个场景中，她的身体都仿佛呼之欲出。她在银幕上饰演的罗斯琳（Roslyn）是她自身的写照。两个名字听着有点像，女主角的情感经历和她一直以来的切身体会也很相似。这位刚刚离婚的金发美女和她太像了，男人们的眼睛都盯在她身上，却没有一个人真正看懂她。玛丽莲的丈夫，剧作家亚瑟·米勒（Arthur Miller）创作这一角色作为送给她的礼物。他给予她这样一个伟大的角色，希望通过这个角色，可以让全世界看到另一个玛丽莲·梦露，一个伟大的女演员，而不是一个"傻白甜"的金发美女。

玛丽莲一直在期待这样的机会。一个举足轻重的角色，既可以给评论界留下深刻印象，又可以展示自己的能力。1955年，在纽约的演员工作室（Actors Studio），玛丽莲·梦露遇见了培训过整整一代演员的李·斯特拉斯伯格（Lee Strasberg）。一天，李·斯特拉斯伯格对她说，她就是为莎士比亚的戏剧而生的。这句话让她非常感动，因为，她恰好阅读了莎翁的所有作品。在她眼中，他就是**有史以来最伟大的编剧**。她可以扮演麦克白夫人（Lady Macbeth）或乔特鲁德（Gertrude），抑或是朱丽叶（Juliette）？如果需要，她可以长年累月地排练，她会全身心投入，会做到让人难以置信的地步，她会获得奥斯卡提名并最终捧得奖杯。她需要的只是"练好基本功"，曾经饰演过亨利五世、哈姆雷特和查理三世的当红明星劳伦斯·奥利弗（Laurence Olivier）曾这样对她说过。她和他曾经一同出现在《王子与舞女》（*Le Prince et la Danseuse*）的电影海报上。他允诺，如果哪一天她感觉自己准备好了，就会帮助她。他朗诵了一段《麦克白》来向她展示，等待她的是怎样的未来。她从未听过如此美妙的句子："人生不过是一个行走的影子，一个在舞台上指手划脚的笨拙的伶人，登场片刻，便在无声无息中悄然退下；它是一个愚人所讲的故事，充满着喧哗和骚动，却找不到一点意义。"

"一语道尽人生。"他总结道，然后笑了。

听到这些台词后，玛丽莲潸然泪下。这既是快乐的泪水，也是悲伤的泪水。快乐，是因为她还有那么美妙的东西要去学习；悲伤——还带有一些矛盾——是因为莎士比亚把她一直以来对于生活的看法写了出来，这些台词让她有种被莎士比亚理解的奇妙感觉。这种感受，玛丽莲曾无数次尝试把它写在本子上，但她总觉得自己做不到。一直以来，玛丽莲都想捕捉脑中的思绪，好看看这些想法究竟是什么模样。玛丽莲这么做只是为了她自己，并没有想过日后人们会读到这些内容。她思考来了又去、去了又来的爱情，她的童年和梦想，一切她不想忘记的事情。她写作是为了把脑子里想的东西表达出来。有时候，快乐和焦虑掺杂在一起，百感交集，她也就看不懂自己的所思所想了。于是，玛丽莲认为自己永远无法摆脱这样的轮回，并害怕别人对她的看法是对的：情绪不稳定、渴望性爱、惧怕孤独、偏执又精神分裂。世界上的精神病专家们会对他们作出的诊断十分骄傲，有的人甚至以此来推测玛丽莲的内心世界。然而，这些词掩盖了她一直以来最害怕的东西。

疯女人。就像她的母亲格拉迪斯（Gladys）和祖母德拉（Della）一样。在她的家族里，女人们饱受头痛的困扰而最终被送进了疯人院。在一位医生的推荐下，她也在精神病院里待过一段时间，但医生并没有告诉她那里的具体情况：上锁的房门，透过墙壁传来其他病人的咆哮。

她在那儿度过的四天痛苦不堪，她后来说就像**因一桩未曾犯下的罪过**而被关进了监狱。她所需要的其实是说话，说出自己内心深处的想法。一直以来，她扪心自问是否会有人好奇一个女人的所思所想，是否会在乎她心中的梦想和勇气。她读了詹姆斯·乔伊斯（James Joyce）的小说《尤利西斯》（*Ulysse*）。虽然没有全部读懂，但她仍记得摩莉·布卢姆（Molly Bloom），记得她的声音在文末闪闪发光，她的人和她的姓氏是那么搭，在急切和混乱中"如花绽放"，这些她都还记得。你们一定得去看看小说的结尾，去聆听这无休止的声音。乔伊斯没有乳房，不曾体会过每个月小腹的阵痛，也没有因为裙子不合身而坐不下去，更不了解那种难成大事的滋味。乔伊斯不是女人，却懂女人的一切。玛丽莲喜欢他关于欲望的描写，以及叙述中的那份直白：

"……为什么不先嫁给一个男人就不能亲吻他

有时你那么渴望

当它充斥你的身体，强烈而又美妙

以至于无法抵挡

我希望有这样一个男人，不管他是谁

将我拥入怀中

缠绵一番

没有什么能像一个长长的热吻，让你酥软到灵魂的

最深处……"

玛丽莲也曾尝试用语言表达她的感受，表达她欢爱时由内而外产生的快感。她经常和她的心理治疗师拉尔夫·格林森[1]博士诉说，并尝试同他描述高潮的感觉。她让他将女性的身体想象成一个电器，且电器内部有一个能够测量电流强度的匣子。倘若我们缓缓将旋钮旋至一边，我们会发现灯泡被点亮，光线越来越刺眼。而我们

---

[1] 拉尔夫·格林森（Ralph Greenson，1911–1979）：美国著名精神科医生和精神分析师，因做过玛丽莲·梦露的精神科医师而名声大噪。其所著的《精神分析的技术与实践》（1967）至今仍被认为是关于精神分析技术的经典书目。

只需要将旋钮转向另一边，灯光便会消失，我们甚至会想探究它是如何产生的。玛丽莲不知道她表达得是否清楚，因为转瞬即逝的快感如此美好，也许她已经无法用言语表达。

玛丽莲与格林森的关系亲密无间。她希望格林森能够收养她，她梦想拥有一个家，一个传统的家庭，如此就可以不再孤身一人。玛丽莲出生于加利福尼亚州，父亲弃她而去，母亲也不管不顾。玛丽莲大部分时候在孤儿院、寄养家庭以及祖母的一些愿意照顾她的邻居家成长。她的生活就是不断努力，努力维系与他人之间的关系、努力被爱。这一切格林森都知道。格林森是业内著名的医生，所有好莱坞影星家的常客。他因发表了与专业相关的权威性著作而声名赫赫。他与玛丽莲在 1960 年相识，那时玛丽莲已经接受过另外两个心理治疗师的治疗，但

都没有成效。她甚至还接受了弗洛伊德之女[1]的几次心理
咨询。她大量服药，深受失眠困扰，一肚子的话都要漫
出来了，却没有办法说给心理分析师听。在几次治疗无
果后，玛丽莲买了一个磁带录音机，在家中，在暗夜里，
几近赤裸地躺在床上，几小时几小时地给自己录音。这
些磁带里刻录着她**内心深处最隐秘的思绪**，她承诺要将
这些磁带给格林森听，好让他最终明白自己的想法。突
然间，她内心的一切得到了自由表达，她的喜悦、放纵
和忧郁。玛丽莲就是摩莉。她沉溺在时间和言语里，幸
福而自由。她知道自己没有疯。

　　"疯"这个词在《乱点鸳鸯谱》中出现过好几次。
特别是其中有一幕，罗斯琳在沙漠中尖叫。她和吉多
（Guido）、盖伊（Gay）、佩斯（Perce）一起围猎奔马。
这是内华达州的习俗，动物一旦被卖掉，成了捕猎的对象，

---

[1]　安娜·弗洛伊德（Anne Freud, 1895 –1982）：奥地利儿童精神分析学家。
曾担任《儿童精神分析研究》的主编和国际精神分析协会名誉会长，她父亲是
精神分析学派的创始人西格蒙德·弗洛伊德。

最终都会沦为猎犬的美餐。当套索套住马匹时，罗斯琳逃开了，用尽全力朝一望无垠的沙漠跑去。这些扮演牛仔的男人心满意足，双手收紧绳套，一把美钞就可以让荒原刹那间变了模样，这让她受不了。但人们又无法逃离沙漠：它让你以为自己是自由的，但同时它也会把你困住。远处，罗斯琳就像是一个燃烧的跳动的点。她身体里有什么东西被打开了，让她能说出一直以来憋在心里的话："你们这些刽子手！杀人犯！骗子！我讨厌你们！"她不确定泪水和距离是否淹没了她的声音。但她一直在大喊大叫，重复着同一句话："你们所有人都是骗子！我讨厌你们！杀人犯！"吉多一下子被伤了自尊："疯子！她疯了！"盖伊和佩斯没有回应他。他们知道，或许她是对的。

　　想象一下，拍摄结束，玛丽莲从这一幕抽离时有过的那几秒眩晕感，角色拿捏得非常到位，前所未有。不过这一幕，可不是拍戏。玛丽莲后来说那几分钟让她崩溃，也许是因为她的情感不是演出来的。她终于知道如何运用李·斯特拉斯伯格教的表演技巧：要想演得好，就得演得真。崩溃也因为，她感到亚瑟·米勒太了解自己了，他本打算为她写一个她演艺生涯最重要的角色，但出于爱也出于疏忽，一不小心却写成了她的人生。玛丽莲想尽一切办法去了解自己，但最终还是逃脱不了真实的自我：一个**不合群**的人。不仅怪异，还无处安身。因此，她崩溃是因为真相，因为这是她一直暗中追寻的东西，因为她认为这是一种解脱。但在这之后，还有什么活头呢？

　　远处，有人喊她去拍下一个镜头。一阵微风袭来，她灼热的肌肤凉快了些。玛丽莲在沙漠中走着。

　　你不再是那个孤独又害怕的小女孩了。不要忘记，
你已到达世界之巅……老实说，看着不像。

　　我的精神在游荡

　　一个女演员，没有嘴巴

　　没有脚

　　双肩

　　微塌

　　现在我看着镜中的自己

　　眉头紧锁

　　如果再走近些

　　我会看到自己所不愿看到的

　　压力、悲伤、失望

　　空洞无神的双眼……

布满毛细血管的脸颊

就像地图上蜿蜒的河流

我的头发像蛇一样垂下。

除了我死气沉沉的眼神

最令我忧伤的是我的嘴巴

我的双唇之间有一条暗色的线条

就 像 暴 风 雨 中 的 层 层 波 涛 的 轮 廓 …… 说 着 ……
说着……

别吻我

别对我说谎

我只是个不会跳舞的舞女罢了

灵与肉？

我想过把"玛丽莲·梦露 – 金发 –94–53–89"作为
我的墓志铭。我会坚持下去，哪怕这意味着要修改我的三围尺寸。

　　昨晚，我又一次彻夜未眠。夜晚对我来说几乎不存在。一切都像无尽漫长可怕的日子。但不管怎样，我试着让我的失眠变得有意义，我开始阅读西格蒙德·弗洛伊德的书信。翻开书，看到弗洛伊德的画像，我顿时泪流满面。他看起来非常消沉。

　　我想，最美好的事情莫过于，在我们的承受范围内勇敢地去爱去承受。

　　我相信什么
　　什么是真相 [1]
　　我相信自己
　　即便我最微妙、最无法言说的情感

---

[1]　按手稿如实呈现字中线和下划线。——原注

到最后，一切都

不可言传

我最珍贵的泪水决不能随意挥洒

别把你珍贵的眼泪四处抛洒

生命力

这就是我的全部感受

别因自己的感受而羞愧，别一挥手就把它丢到一边

不后悔自己说过的话，这就是我的真实想法，就算

不被理解

不应该害怕

除了害怕害怕

孤身一人！！！！！

我孤身一人。我一直都

孤身一人

不管发生什么

时不时我会舞文弄墨

为了娱乐，而不是因为无聊

请不要埋怨我

卖不出去根本无所谓

我想做的

只是讲述脑海中的过往

而不是锅碗瓢盆

不是种种愿望

而是在我去世之前

思考

用白纸黑字写下来

虽然只是我们的片段人生

但有一天也会触动别人的某些瞬间

某个人的真实无非如此

　　—— 真实的某个人

我们只能和别人分享~~对于他人~~对于他们的认知来说

是~~可理解~~可接受的那些自我的片段 ——~~所以~~因此我们

几乎永远都是孤身一人。

因此人在自然界中本就应该如此

　　—— 或许~~然而~~正是人类的智慧使得人沦为了孤独的

动物

　　我的感觉，无以言表

　　我思索得越多，就越觉得没有答案。要谈论生活，就得先活过。既然生命相对而言是短暂的 —— 可能太短，也可能太长 —— 我唯一确定的事情就是 —— 活着不易。

但既然我想要活着，既然我突然不觉得自己人老珠黄，

既然我不愿再为过去所困，既然我想保护自己，保住我

的性命，我就得对这个世界说——我相信它，且别无所求。

玛丽莲·梦露（1926-1962）

Marilyn Monroe

参考书目

妮基・德・桑法勒（Niki de Saint–Phalle）

Mon secret, éd. La Différence, 2010.

Traces, éd. La Différence, 2014.

Harry et moi : Les années en famille, éd. La Différence, 2014.

《'Rosebud' ou écran ? L'inceste et l'œuvre de Niki de Saint Phalle 》, Entretien avec Camille Morineau, *Sociétés et Représentations*, Éditions de la Sorbonne, 2016/2, n° 42, pp. 87 à 96, Cairn. Info.

Niki de Saint Phalle : Ici tout est possible, dir. Kyla McDonald, éd. Snoeck, 2018.

比莉・哈乐黛（Billie Holiday）

《Bilies Blues 》, Billie Holiday, 1936.

《Fine and Mellow 》, Billie Holiday, 1939.

《God Blesse the Child 》, Billie Holiday et Arthur Herzog, 1942.

《Don't Explain 》, Billie Holiday ct Arthur Herzog, 1946.

Autres écrits sur le jazz, Boris Vian, Christian Bourgois Éditeur, 1981.

Avec mon meilleur souvenir, Françoise Sagan, éd. Gallimard, 1984.

Lady sings the blues, William Dufty, Double-day, 1956 ; traduit par Danièle Robert, éd. Parenthèses, 2003.

Billie Holiday, Sylvia Fol, éd. Gallimard, coll. Folio biographies, 2005.

Blues et féminisme noir, Angela Davis, traduit par Julien Bordier, éd. Libertalia, 2017.

阿黛尔·雨果（Adèle Hugo）

L'engloutie, Adèle, 1830-1915, fille de Victor Hugo, Henri Guillemin, Seuil, 1985.

Journal, tome 1, 2, 3, 4, Lettres modernes minard, coll. Bibliothèque introuvable, 2002.

Adèle, l'autre fille de Victor Hugo, Henri Gourdin, Ramsay, 2003.

露易丝·米歇尔（Louise Michel）

Mémoires, éd. Le Découverte, 2002.

Prise de possession, éd. L'Herne, 2017.

Art vaincra ! Louise Michel, l'artiste en révolution et le dégoût du politique, Claude Rétat, éd. Bleu Autour, 2019.

弗朗索瓦丝·吉鲁（Françoise Giroud）

Ce que je crois, éd. Grasset, 1978.

Profession journaliste, conversations avec Martine de Rabaudy, éd.

Hachette Littératures, 2001.

Portraits sans retouche, 1945-1955, éd. Gallimard, 2001.

Histoire d'une femme libre, éd. Gallimard, 2013.

Garde tes larmes pour plus tard, Alix de Saint–André, éd. Gallimard, 2013.

西蒙娜·薇依（Simone Weil）

L'enracinement, prélude à une déclaration des devoirs envers l'être humain, éd. Gallimard, coll. Espoir, 1949, coll. Folio Essais, 1990.

La pesanteur et la grâce, Simone Weil, Plon, Paris, 1947 ; éd. Pocket, coll. Agora, 1993.

La vie de Simone Weil, Simone Pétrement, éd. Fayard, 1997.

Simone Weil, œuvres complètes, VII, Correspondance, Correspondance familiale, édition publiée sous la direction de Robert Chenavier, éd. Gallimard, 2012.

Simone Weil, œuvres complètes, VI, Cahiers, juillet 1942-juillet 1943, La connaissance surnaturelle (Cahiers de NewYork et de Londres), édition publiée sous la direction de Florence de Lussy, éd. Gallimard, 2012.

《Simone Weil, l'esprit de vérité l'écriture 》, André Devaux, *Revue des deux mondes.*

艾米·怀恩豪斯（Amy Winehouse）

La peau et la trace, sur les blessures de soi, David le Breton, éd. Métailié, 2003

《Rehab 》, Amy Winehouse, *Back to black*, 2006.

《You Know I'm No Good 》, Amy Winehouse, *Back to black*, 2006.

《Tears Dry On Their Own 》, Amy Winehouse, *Back to black*, 2006.

《Wake Up Alone 》, Amy Winehouse, *Back to black*, 2006.

《Like Smoke 》, Amy Winehouse, *Lioness: Hidden Treasures*, 2011.

《Valerie 》, Amy Winehouse, *Lioness: Hidden Treasures*, 2011.

《Cherry Wine 》, Nas ft. Amy Winehouse, *Life is Good*, 2012.

Amy, ma fille, Mitch Winehouse, Flammarion, 2012.

Amy, une voix, une légende, une femme, Asif Kapadia, (documentaire), 2015.

萨宾娜·斯皮勒林（Sabina Spielrein）

Ma vie, Souvenirs, rêves et pensées, C. G. Jung, Folio, 1991.

Sabina Spielrein, entre Freud et Jung, éd. Aubier, 2004.

《La contribution de Sabina Spielrein à la psychanalyse 》,
Ursula Prameshuber, , *Le Coq-héron*, ERES 2009/2 N ° 197, pp. 32 à 40,
Cairn.info.

《Sabina Spielrein, un penseur moderne 》, Sabine Richebächer, *Le Coq-héron*, ERES, 2009/2 N° 197, pp. 19 à 31, Cairn.info.

《Sabina Spielrein à la clinique psychiatrique du Burghozli, faits et fictions d'un traitement 》, Angela Graf–Nold, *Le Coq- héron*, ERES, 2009/2 N° 197, pp. 41 à 62, Cairn.info.

艾米莉·狄金森（Emily Dickinson）

Lettres au maître, à l'ami, au précepteur, à l'amant, traduit et présenté par Claire Malroux, éd. José Corti, 《Domaine romantique 》, 1999.

Y aura-t-il pour de vrai un matin, traduit et présenté par Claire Malroux, éd. José Corti, 《Domaine romantique 》, 2001.

Emily Dickinson, Chambre avec vue sur l'éternité, Claire Malroux, éd. Gallimard, 2005.

Poésies complètes, édition bilingue, traduit par Françoise Delphy, éd. Flammarion, 2009.

Emily Dickinson poète, dans la poche du kangourou, Françoise Delphy, éd. Orizons, coll. Cardinales / Commentaire, 2016.

Manifeste incertain 7, Emily Dickinson, Marina Tsvetaieva, l'immense poésie, Frédéric Pajak, Les Éditions noir sur blanc, 2018.

西尔维娅·普拉斯（Sylvia Plath）

Trois femmes, traduit par Laure Vernière et Owen Leeming, éd. Des Femmes, 1976.

Birthday letters, Ted Hughes, traduit par Sylvie Doizelet, éd. Gallimard, 2002.

Ariel, traduit par Valérie Rouzeau, éd. Gallimard, 2009.

Sylvia Plath, œuvres, éd. Gallimard, coll. Quarto, 2011.

玛丽莲·梦露（Marilyn Monroe）

Victime, les dernières révélations de Marilyn Monroe, Matthew Smith, éd. Plon, 2003.

Marilyn, dernières séances, Michel Schneider, éd. Gallimard, 2008.

Fragments, Poèmes, écrits intimes, lettres, traduit par Typhaine Samoyault, éd. Seuil, 2010.

Mémoires imaginaires de Marilyn, Norman Mailer, éd. Robert Laffont, coll. Pavillon poche, traduit de l'anglais par Jean Rosenthal, 2011.

人名、作品名、地名中外文对照表

（以在文中出现先后顺序排列）

阿塔尔 Farid al–Din Attar
百鸟朝凤 *La Conférence des oiseaux*
阿提克·拉希米 Atiq Rahimi

妮基·德·桑法勒 Niki de Saint–Phalle
蓬杜斯·于尔丹 Pontus Hultén
哈里·马修斯 Harry Mathews
罗辛死胡同 Impasse Ronsin
康斯坦丁·布朗库西 Constantin Brancusi
让·丁格利 Jean Tinguely
吉尔·德·莱斯 Gilles de Rais
亚里士多德 Aristotle
内华达州 Nevada
布鲁姆·卡德纳斯 Bloum Cardenas
安东尼奥·高迪 Antonio Gaudí
古埃尔公园 Park Güell

托斯卡纳 Toscana

《我的秘密》*Mon secret*

《爹地》*Daddy*

《神奇女侠》*Wonderwoman*

《蝙蝠侠》*Batman*

比莉·哈乐黛 Billie Holiday

法兰克·辛纳屈 Frank Sinatra

路易·麦凯 Louis Mckay

《蓝调歌后》*Lady sings the blues*

珂赛特 Cosette

丽贝卡 Rebecca

埃莉诺拉 Elenora

巴尔的摩 Baltimore

萨迪 Sadie

克拉伦斯 Clarence

比尔 Bill

路易斯·阿姆斯特朗 Louis Armstrong

玛·雷尼 Ma Rainey

贝西·史密斯 Bessie Smith

鲍里斯·维昂 Boris Vian

哈莱姆 Harlem

班尼·古德曼 Benny Goodman

鲍比·亨德森 Bobby Henderson

泰迪·威尔逊 Teddy Wilson

莱斯特·杨 Lester Young

《比莉的蓝调》Billie's blues

《美好又甘醇》Fine and Mellow

《别解释》Don't explain

吉米·门罗 Jimmy Monroe

安吉拉·戴维斯 Angela Davis

咖啡公社 Café Society

《奇怪的果实》Strange fruit

刘易斯·艾伦 Lewis Allan

艾特·肖 Artie Shaw

亚瑟·鲁宾 Arthur Lubin

《新奥尔良》New Orleans

多萝西·帕特里克 Dorothy Patrick

弗朗索瓦丝·萨冈 Françoise Sagan

小亚瑟·赫尔佐格 Arthur Herzog Jr.

《上帝保佑孩子》God Bless the Child

阿黛尔·雨果 Adèle Hugo

莱奥波尔蒂娜 Léopoldine

《静观集》Les Contemplations

维勒基耶 Villequier

奥古斯特·瓦格里 Auguste Vacquerie

朱丽叶·德鲁埃 Juliette Drouet

欧仁·德拉克罗瓦 Eugène Delacroix

约翰·罗斯 John Rose

平森 Pinson

根西岛 Guernesey

高城居 Hauteville House

《悲惨世界》 *Les Misérables*

《情感教育》 *Éducation sentimentale*

巴阿 Baa

蓬帕杜夫人 Madame de Pompadour

露易丝·米歇尔 Louise Michel

勒瓦卢瓦 – 佩雷 Levallois–Perret

《暴风雨》 *La Tempête*

勒阿弗尔 Le Havre

默尔特 – 摩泽尔 Meurthe–et–Moselle

弗隆古尔 Vroncourt

玛丽 – 安娜·米歇尔 Marie –Anne Michel

夏尔 – 艾蒂安·德马伊 Charles–Étienne Demahis

《欧那尼》 *Hernani*

绍蒙 Chaumont

奥代隆库尔 Audeloncourt

蒙马特 Montmartre

美丽城 Belleville

爱弥尔·左拉 Émile Zola

阿道尔夫·梯也尔 Adolphe Thiers

弗朗索瓦丝·吉鲁 Françoise Giroud

《快报》 *L'Express*

《周日报》 *France Dimanche*

雅克·普莱维尔 Jacques Prévert

艾迪特·皮雅芙 Édith Piaf

安德烈·莫洛亚 André Maurois

达妮埃尔·达里约 Danielle Darrieux

马塞尔·卡尔内 Marcel Carné

古尔吉 Gourdji

马克·阿勒格莱 Marc Allégret

让·雷诺阿 Jean Renoir

爱尔达 Elda

弗朗丝 France

杰娜内 Djenane

沙里 Salih

拉文斯布吕克 Ravensbrück

克莱蒙费朗 Clermont-Ferrand

弗雷纳 Fresnes

安德烈·吉卢瓦 André Gillois

皮埃尔·拉扎雷夫 Pierre Lazareff

让-雅克·塞尔旺-施赖伯 Jean-Jacques Servan-Schreiber

吉斯卡尔·德斯坦 Giscard d'Estaing

西蒙娜·薇依 Simone Veil

《她》Elle

让·弗瓦耶 Jean Foyer

雅克·拉康 Jacques Lacan

卡普里岛 Capri

阿莉克丝·德·圣安德烈 Alix de Saint-André

《一个自由女人的故事》Histoire d'une femme libre

卡洛琳娜 Caroline

阿兰 Alain

赫伯特·乔治·威尔斯 H. G. Wells

《星际战争》 *La Guerre des mondes*

《塞甘先生的山羊》 *La Chèvre de monsieur Seguin*

《大鼻子情圣》 *Cyrano de Bergerac*

西蒙娜·德·波伏娃 Simone de Beauvoir

《端方淑女》 *Mémoires d'une jeune fille rangée*

斯宾诺莎 Spinoza

《伦理学》 *L'Éthique*

柏拉图 Platon

索福克勒斯 Sophocle

埃斯库罗斯 Eschyle

恺撒 César

希特勒 Hitler

苏拉 Lucius Cornelius Sulla Felix

西蒙·德·昔兰尼 Simon de Cyrène

诺鲁瓦 Naurois

委拉斯凯兹 Vélasquez

阿尔贝·加缪 Albert Camus

沃吉哈赫街 rue de Vaugirard

艾米·怀恩豪斯 Amy Winehouse

塞隆尼斯·蒙克 Thelonious Monk

《午夜旋律》 *Round Midnight*

邦德街 Bond Street

米奇 Mitch

弗雷德·阿斯泰尔 Fred Astaire

埃莉诺·鲍威尔 Eleanor Powell

《百老汇歌舞》Broadway qui danse

艾拉·菲茨杰拉德 Ella Fitzgerald

莎拉·沃恩 Sarah Vaughan

戴娜·华盛顿 Dinah Washington

托尼·贝内特 Tony Bennett

安妮·蓝妮克丝 Annie Lennox

《法兰克》Frank

布莱克·菲尔德 – 西沃 Blake Fielder Civil

乔治·巴塔耶 Georges Bataille

迈阿密 Miami

勒内·基拉尔 René Girard

卡姆登 Camden

安德鲁 Andrew

《灵与肉》Body and Soul

艾比路 Abbey Road

帕蒂·史密斯 Patti Smith

《就是这个女孩》This Is the Girl

萨宾娜·斯皮勒林 Sabina Spielrein

卡尔·荣格 Carl Jung

伯戈尔茨利 Burghölzli

厄根·布洛伊勒 Eugen Bleuler

沙可 Charcot

西格蒙德·弗洛伊德 Sigmund Freud

伊曼努尔·康德 Immanuel Kant

《超越快乐原则》 *Au-delà du principe plaisir*

顿河畔罗斯托夫 Rostov–sur–le–Don

艾米莉·狄金森 Emily Dickinson

马萨诸塞州 Massachusetts

阿默斯特 Amherst

新英格兰 Nouvelle–Angleterre

《大西洋月刊》 *The Atlantic Monthly*

托马斯·温特沃斯·希金森 Thomas Wentworth Higginson

夏洛特·勃朗特 Charlotte Brontë

罗伯特·骚塞 Robert Southey

《简爱》 *Jane Eyre*

海伦·亨特·杰克逊 Helen Hunt Jackson

艾米莉·勃朗特 Emily Brontë

西尔维娅·普拉斯 Sylvia Plath

《巨人》 *Le Colosse*

《小姐》 *Mademoiselle*

奥蕾莉娅 Aurelia

《钟形罩》 *La Cloche de détresse*

博伊舍尔 Beuscher

蔚蓝海岸 La Côte d'Azur

特德·休斯 Ted Hughes

《雨中鹰》 *Le Faucon sous la Pluie*

托马斯·斯特恩斯·艾略特 Thomas Stearns Eliot

《巨人及其他诗歌》 *Le Colosse et autres poèmes*

弗里达 Frieda

《爸爸》 *Papa*

叶芝 Yeats

《爱丽尔》 *Ariel*

弗吉尼亚·伍尔芙 Virginia Woolf

莎拉·蒂斯黛尔 Sara Teasdale

玛丽莲·梦露 Marilyn Monroe

约翰·休斯顿 John Huston

《乱点鸳鸯谱》 *The Misfits*

罗斯琳 Roslyn

亚瑟·米勒 Arthur Miller

李·斯特拉斯伯格 Lee Strasberg

麦克白夫人 Lady Macbeth

乔特鲁德 Gertrude

朱丽叶 Juliette

劳伦斯·奥利弗 Laurence Olivier

《王子与舞女》 *Le Prince et la Danseuse*

格拉迪斯 Gladys

德拉 Della

詹姆斯·乔伊斯 James Joyce

《尤利西斯》 *Ulysse*

摩莉·布卢姆 Molly Bloom

拉尔夫·格林森 Ralph Greenson